JN056990

職場の
メンタルヘルス
対策の実務必携
Q&A ―適正手続とトラブル
防止の労務マニュアル

弁護士 **岡芹健夫** 著

発行 🖋 民事法研究会

発刊にあたって

　本書の前身にあたる『人事・法務担当者のためのメンタルヘルス対策の手引』が刊行されたのは2011年4月で、それからすでに10年ほどが経ちました。

　前書の刊行に先立ち、平成初期のバブル崩壊、2008（平成20）年秋のリーマンショック、2011（平成23）年3月には東日本大震災と、わが国は社会的にも経済的にも大きな打撃を受けていましたが、その後も、経済は低迷を続けたまま、今度は2020（令和2）年に世界的な新型コロナウィルス感染拡大による社会経済活動の自粛・縮小に遭遇し、先がみえない手探りの状態が続いています。

　そして、このような状態の中でも、企業で働く従業員は、自らの生活、もっといえば生きていくために、公私にわたる努力を求められます。しかし、上述のような、先のみえない世相の中で努力を続けるというのは、程度の差こそあれ、個人にとってストレスを伴うものであり、現在、企業の業種・大小を問わず、多くの従業員が大きなストレスを抱えているのが実情です。

　新型コロナの感染抑制のために、在宅等でのテレワークが活用されていることも、心身への新たなストレスをもたらしている面もあるようです。

　こうした中、メンタルヘルスの問題を抱えている従業員は、前書の時点でも、すでに急速に増加していたところですが、その後も現在に至るまで高止まりの状況であり、およそ、減少に転ずる兆しはみえないところです。

　その間、国（主に厚生労働省）も無策でいたわけではなく、たとえば、労働安全衛生法の一部改正による「ストレスチェック制度」の導入（同法66条の10関係）（2014〔平成26〕年6月公布・2015〔平成27〕年12月施行）、「職場におけるメンタルヘルス対策の推進について」の策定（2014〔平成26〕年10月）、「労働者の心の健康の保持増進のための指針」の改訂（2015〔平成27〕年11月）、「働き方改革を推進するための関係法律の整備に関する法律」（2018〔平成30〕年7月公布・2019〔平成31〕年4月1日より順次施行）等々の法

1

令の整備・改良を進めています。企業には、これらに沿いながら、メンタルヘルスの問題について未然の防止と適切な対応を行うことが求められています。ちなみに、厚生労働省「こころの耳：働く人のメンタルヘルス・ポータルサイト」の「Q&A」によれば、「うつ病は治ることが多いのですが、再発しやすいことも知られています。初めてうつ病にかかって再発を経験する人が6割、一度再発した人のうち二度目の再発をする人が7割、二度再発した人のうち三度目の再発をする人が9割といわれています。……以下省略……」とのことです。企業におけるメンタルヘルス対策では、メンタル不調者を出さないための日頃の予防施策がいかに重要かを示す指摘だと思います。

　また、前書の刊行以降も、メンタルヘルスをめぐる多くの裁判例が出され、その中には、企業に対してより新しく、より深く、また、より先を読んだ（事前の）配慮を求めるようなものも現れました。さらに、従業員のメンタルヘルスに関連して、長時間労働と適切な残業管理への言及や、いわゆるハラスメントとメンタルヘルスとの関係にも言及しました。その結果、紙幅が大幅に増えたことから、「実務必携Q&Aシリーズ」として新たに発刊することになりました。もっとも、基本構成に変更はないため、前書にあたる『人事・法務担当者のためのメンタルヘルス対策の手引』のはしがきはそのまま残しています。

　本書の刊行にあたって、株式会社民事法研究会の代表取締役田口信義様、編集部竹島雅人様にご指導・ご尽力をいただきました。この場をお借りして、厚く御礼申し上げます。

2021（令和3）年10月

弁護士　岡芹　健夫

『人事・法務担当者のためのメンタルヘルス対策の手引』推薦のことば

　過日「メンタルヘルス対策の書籍を出版するので、推薦文をご寄稿いただきたい」旨、著者の弁護士岡芹健夫先生から依頼があり、喜んでお引受けしました。それは、先生が人事労務を中心に労働法関係事件を得意とされており、こうした業務を通して、私も日頃から親しくお付合いをさせていただいている関係からです。

　最近、メンタルヘルス対策が、企業にとって重要課題の一つとされています。その背景として、"うつ病"による自殺者の増加、また従業員の心理的負荷が原因で健康を損なった場合に、使用者の民事責任を認める裁判例が増えてきていることなどがあげられます。

　つまり、企業は、大企業に限らず中小企業においても、それらがいつなんどき表面化してもおかしくない火種を抱えており、自社の従業員に対する"うつ病"などの"心の病"の防止に取り組まねば、労働生産性の低下を招くばかりか、個別労働紛争を誘引し、思わぬ損害を被るなど危機の状況にあるのです。

　そのために、企業では従業員が"心の病"にまず罹患しないように職場環境を整えたり、また罹患してしまった場合は適切な措置がとれるように、メンタルヘルス対策を講じておく必要があります。

　これらに関連する図書は、数多く出版されていますが、おおむねメンタルヘルスの解説書であり、それぞれ詳細に解説されているものの、わかりづらいものが多く、本書は、それらに比較して、平易で、わかりやすく、最近にない出色のものであると思います。

　本書の特色は、メンタルヘルスの不調者に対する企業側の対応をQ&A方式でまとめ、さらに就業規則上の対策などに触れられた内容となっており、まさに企業が抱えている悩みを「難しいことはできるだけ易しく、易しいことをできるだけ深く」といった工夫を凝らして執筆されているところです。

　むすびとして、本書が事業主や人事労務担当者の実務に役立つだけではなく、労務管理の専門家である社会保険労務士もメンタルヘルス対策の必携ハ

ンドブックとして活用できる一冊であることを申し添えておきます。

　2011年4月20日

全国社会保険労務士会連合会最高顧問

社会保険労務士　大　槻　哲　也

『人事・法務担当者のためのメンタルヘルス対策の手引』発刊に寄せて

　岡芹健夫君は、平成6年4月7日に当事務所に入所しました。それ以来、日々研鑽され、今日まで17年にわたり当事務所において活躍してきました。岡芹君は平成21年5月8日に所長代行に就任し、平成22年1月15日に、当事務所の所長に就任しています。

　この間小生は、有能な弁護士の要件の一つの課題として、一貫して、単著を出版するように要請をしておりました。そしてここに、第1冊目の単著が出版の運びとなったことは、大変喜ばしいことでございます。

　弁護士が単著を発表するということは、単に折々の仕事で考えたこと、思いついたこと、感じたことを記録するだけではなく、一つの体系に基づいて思考をまとめ、発表することであり、たとえ拙くとも大変貴重な経験になるのです。

　「着眼大局、着手小局」という言葉がありますが、「物事を大局的・俯瞰的視点で見て、目の前の小さなことから対応する」という意味です。弁護士は、この「着眼大局、着手小局」をいつも心がけ、ものごとの全体を大局的に見ながら、目の前の小さな問題一つひとつに「尽くすべきは尽くす」という真摯な態度で取り組むことが肝要です。そして、本を書くことは、実は「着眼大局、着手小局」の実践の一つであり、あるテーマに沿って、さまざまな事案を多角的に分析し、意見としてまとめあげる作業が、弁護士にとって極めて適切な勉強となるのです。

　そういう意味でも、今回とりあげた「メンタルヘルス」の問題は、とても重要なテーマです。なぜならば、これは今後ますます増加・多様化していく事象だからです。「メンタルヘルス」という言葉が日本で使われるようになったのは、おそらく昭和60年頃だったと記憶しておりますが、それとともに、労働関係紛争の実情も経済や社会の変化に対応して変容し、たとえば集団的労使紛争は減少傾向にあり、個別労使紛争は増加傾向にあります。

　そしてメンタルヘルスに関する問題についてもさらに複雑化し、深刻化しています。それは、時代の流れのなかで社会のあり方が変遷し、労働につい

ての価値基準も変化しているからです。肉体労働・足腰の動きが重要な「フットワーク」・「ハンドワーク」の時代から、ソフト産業である「ヘッドワーク」の時代、そして現在、心の経営を中心とした「ハートワーク」の時代になったことで、問題はもっと複雑・深刻になっています。また、さらに社会が変化して、全人格・全人間性をもって心身の限界まで尽くす「ヒューマンワーク」の時代になれば、メンタルヘルスに関する問題への対応はもっと難しく、厳しい時代になってくるでしょう。

　この度の東日本大震災を契機に、人間が、個人が生きるか死ぬかという生命の重要性を真に意識することで、より一層この「ヒューマンワーク」が貴重な概念として登場すると思います。すなわち、メンタルヘルスの問題は頭脳労働の不調から心の不調へ、そして人間性トータルな面でのケアが必要な不調へと、質的に変化しているといえます。

　岡芹君には、社会の変化や人間の有りようを意識しながら個々の問題の解決にあたることが弁護士としての成長につながるということを忘れずに、これからもさらに精進していってほしいと願います。

　平成23年4月18日

髙井・岡芹法律事務所

会長弁護士　髙　井　伸　夫

『人事・法務担当者のためのメンタルヘルス対策の手引』はしがき

　平成初期のバブルの崩壊以来、すでに約20年が経とうとしています。その間、日本人の多くの者の努力にもかかわらず、日本経済の展望が未だ開けぬうちに、平成20年のリーマンショック、平成23年の東日本大震災と大打撃を受けるに至り、復活への道はまだまだ遠いところです。

　かような、暗い世相が長期間続いたせいか、我が国の就業者には、ストレスを抱え、心の不調、病を抱える者が急増しました。一例として、厚労省による精神疾患による労災認定数の推移をみてみますと、平成11年度には全国で14件であったところ、平成21年度では234件に上り、この10年間で約17倍に増加したこととなります。無論、精神疾患の申請のうち労災認定がなされるものは氷山の一角に過ぎないことはいうまでもありません。

　このように、急増した精神疾患に対する対策、即ち、メンタルヘルス対策は、現在では企業の人事・労務上のトラブルの中でも、最多のものの一つであるにもかかわらず、その社会的認知の歴史が浅いせいか、企業によって、その対応の巧拙が分かれているのが実情です。

　本書では、弁護士として10数年を経た筆者の経験、あるいはごく近い者から聞いた体験等を中心に、メンタルヘルス対策として一般的によく出てくる具体例、相談例を設問として設定し、それに回答するという形式で、メンタルヘルス対策のための企業側の基本的な方針を提示しようと試みたものです。

　また、本文でも記しておりますが、メンタルヘルス対策の中心的な課題の一つに「私傷病休職の扱い」があります。この私傷病休職については、就業規則の整備が大変重要になってまいります。そこで、これも筆者の体験等を中心に、第9章において就業規則の文例を紹介しております。

　本書が、メンタルヘルスのトラブル防止、あるいはトラブルの円滑な処理に資するところがあれば、これに過ぎるところはございません。

　最後になりましたが、本書の執筆にあたりましては、多くの医療機関の関係者の方々に問題点をお寄せいただく等、みなさまのご協力を頂戴し、そし

て、株式会社民事法研究会代表取締役田口信義氏、編集部主幹田中敦司氏に大変ご尽力いただきました。この場をお借りして厚く御礼申し上げます。

　平成23年4月

髙井・岡芹法律事務所

所長弁護士　岡　芹　健　夫

『職場のメンタルヘルス対策の実務必携Q＆A』

第3章　メンタルヘルスに対する日常的な体制づくり

第4章　メンタルヘルス不調者の早期発見と発見時の対応

第5章　休職とその期間中の対応

第6章　休職から復職または退職への対応

第9章　メンタルヘルス問題に対応する就業規則の改訂文例

凡　例

〈法令等略語表〉

労契法	労働契約法
労基法	労働基準法
労災保険法	労働者災害補償保険法
高年法	高年齢者等の雇用の安定等に関する法律
安衛法	労働安全衛生法
安衛法規則	労働安全衛生規則
個人情報保護法	個人情報の保護に関する法律

パートタイム・有期雇用労働法

短時間労働者及び有期雇用労働者の雇用管理の改善等に関する法律

育児・介護休業法　育児休業、介護休業等育児又は家族介護を行う労働者の福祉に関する法律

労働施策総合推進法　労働施策の総合的な推進並びに労働者の雇用の安定及び職業生活の充実等に関する法律

〈判例集・定期刊行物表記〉

労判	労働判例
労経速	労働経済判例速報

第 1 章

メンタルヘルスの実情と法律

Q1　メンタルヘルスが問題とされる理由

設例　なぜ職場におけるメンタルヘルスが問題とされているのでしょうか。

(1)　メンタルヘルスの問題は、精神疾患の著しい増大に伴い、人事・労務上の最大の問題となっている。

(2)　精神疾患は、その発症、程度、回復具合がいずれも不明瞭な部分が多く、各会社としては、慎重な対応が必要である。

1　メンタルヘルス問題と人事・労務問題

　この約20年ほど、メンタルヘルスという言葉が社会的に認知されてきました。メンタルヘルスという言葉は、そのまま直訳すれば精神に関する健康ですが、近時では、第一次的には、「職場における心の健康」（もしくはそれを保持すること）を意味して用いられることが多いようです。ある労働者のメンタルヘルスの不調が、業務を原因とするものであれ（業務上傷病）、そうでないものであれ（私傷病）、少なくとも、その労働者の業務遂行を危うくするものであることには変わりなく、メンタルヘルス問題とは、第一には、人事・労務問題といえます。

　メンタルヘルス問題が、いかに職場において大きな比重を占めるようになってきたかについては、次頁の〈表〉を見れば明白です。

　ごく簡単に総括すれば、この約20年のうちに、精神疾患（メンタルヘルスの不調）を原因として労災申請する者の数は、大きく増加（1999〔平成11〕年度で155件→2020〔令和2〕年度で2051件）したことになります。ちなみに、この〈表〉の数字は、あくまでメンタルヘルスを思いつつ、実際に労働基準監督署（労基署）に対して労災申請をするという行動に至った者の数であっ

て、その水面下には、そもそも労災申請もしない多数の不調者がいることはいうまでもありません。

〈表〉　精神障害の労災補償状況

（件）

区分	年度	1999年度（平11）	2002年度（平14）	05年度（平17）	10年度（平22）	13年度（平25）	16年度（平28）	19年度（令元）	20年度（令2）
精神障害	請求件数	155	341	656	1181	1409	1586	2060	2051
	決定件数	—	—	449	1061	1193	1355	1586	1906
	うち支給決定件数（認定率）	14	100	127（28.3%）	308（29.0%）	436（36.5%）	498（36.8%）	509（32.1%）	608（31.9%）
うち自殺（未遂含む）	請求件数	93	112	147	171	177	198	202	155
	決定件数	—	—	106	170	157	176	185	179
	うち支給決定件数（認定率）	11	43	42（39.6%）	65（38.2%）	63（40.1%）	84（47.7%）	88（47.6%）	81（45.3%）

「過労死等の労災補償状況」（厚生労働省発表）より抜粋

注1　本表は、労働基準法施行規則別表第1の2第9号に係る精神障害について集計したものである。

　2　決定件数は、当該年度内に業務上又は業務外の決定を行った件数で、当該年度以前に請求があったものを含む。

　3　支給決定件数は、決定件数のうち「業務上」と認定した件数である。

　4　認定率は、支給決定件数を決定件数で除した数である。

〈図〉　精神障害の支給決定（認定）件数

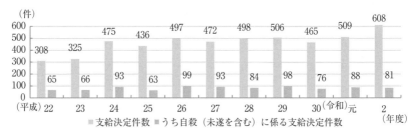

厚生労働省「過労死等防止対策白書」令和 2 年版（令和元年度年次報告）〔骨子〕等より

2　疾病としてのメンタルヘルスの不調の特性

　疾病としてメンタルヘルスの不調をみた場合、内臓疾患や外傷といったいわゆる体の病と比較すると、病であるか否かの判断が難しいこと、その程度の判断が難しいこと（したがって、通常の業務を遂行することができるか否かの判断が不明瞭であること）、一度治癒しても再発することが多いこと、といったものが特性としてあげられます。一昔前は、疾病といえば体の病気を前提としていましたので、体の病気を前提として作成されていた諸制度が、こうしたメンタルヘルスの不調に対応できていない現象もいまだにみられます（代表的な例として、各会社の就業規則にみられる休職制度）。現在では、メンタルヘルスの不調は人事・労務問題において、最も多くみられ、かつ、取扱いが困難な種類の問題の一つです。

3　安全配慮義務とメンタルヘルス

　会社は、労働契約上、その雇用する労働者の身体・生命の安全に配慮する義務を有していますが（安全配慮義務〔労契法 5 条〕。本章 Q 3 等参照）、メンタルヘルスはそのメカニズムの解明が不十分なため、発症の過程、程度、回復具合が不明瞭はことが少なくなく、どのようなことをどの程度尽くせば安全配慮義務を果たしたことになるかは事案ごとに考慮する必要があります。長時間労働の回避などは体の病気に関する配慮の場合と同様なのですが、そ

の他、職場の人間関係（いわゆるパワーハラスメントの防止等）、不慣れな業務に就く際の配慮、といった多様かつ非定型な配慮をしなければなりません。

☞　弁護士からのアドバイス

　解説に示したように、メンタルヘルスの取扱いは、会社にとって、きわめて重大な問題となりつつあります。実際の問題例に鑑みますと、予防においても、紛争解決においても、いかに医療機関の判断を経ているかというプロセスが決定的に重要です。

Q2　メンタルヘルスの不調の種類、原因

設例　メンタルヘルスと一口にいいますが、たとえば新聞や雑誌をみていても、うつ病とか不眠症とか、いろいろな種類の病気を目にします。メンタルヘルスの不調（心の病）には、具体的にはどのようなものがあるのですか。また、何が原因といわれているのでしょうか。

（1）　メンタルヘルスの不調にも、その種類にはさまざまなものがある。その中でも一番、目にすることが多いのはうつ病であるが、近時、適応障害などもよくみられるようになってきている。
（2）　メンタルヘルスの不調はその原因もさまざまであるが、会社の責任を問うものとしては、長時間労働が一番多くみられる。

1　メンタルヘルスの不調の種類

　一口にメンタルヘルスの不調（心の病）といっても、その種類はさまざまです。その中の主なものをあげれば以下のものがあります。
①　うつ病　　強い憂うつ感、意欲・集中力低下　等
②　躁うつ病　　過度の多弁、判断力低下　等
③　適応障害　　環境変化による神経過敏、絶望感　等
④　統合失調症　　妄想、幻想、予測不能な言動　等
⑤　不眠症
⑥　パニック障害
なお、以上の中でも、人事・労務の立場からして、一番、目にすることの

多いうつ病については心の病とされてはいますが、原因はさまざまな要因が複雑に結び付いているとされ、環境の要因、性格の傾向、脳内の分泌物質の問題なども要因と考えられているようです。

　また、うつ病に次いで、人事・労務上の問題として取り上げられることの多いのが適応障害で、これは、入社・配転といった環境の変化に対してうまく対応できないストレスによって心身の状態が不調になることで発症するもので、うつ病のように特定の原因が不明でも発症する、ということはないといわれています。

2　会社が注意すべきメンタルヘルスの不調の原因

　一口にメンタルヘルスといっても、1で述べたように、さまざまな種別がありますから、その原因はさらに多種多様なものがあり得ます。しかし、諸事例で会社の責任が問われたメンタルヘルスの不調の原因は、一般論でいえば、メンタルヘルスの不調者に対して、精神的負荷を与える業務上の原因がこれに該当し、具体的な事象としては、以下のものが多くみられます。

①　長時間労働

②　経験がないなど対応が困難な業務

③　異動・転勤等の環境の変化

④　パワーハラスメント、セクシュアルハラスメント等の人的関係

　特に、長時間労働によるうつ病発症・自殺は、多くの裁判例がみられますが、労働時間とは会社が把握すべきとされているものですので（労働時間の適正な把握のために使用者が講ずべき措置に関するガイドライン〔平成29年1月20日策定基発0120第3号〕）、労働基準法に違反する過重な長時間労働は会社として把握できなければなりません。そのため、長時間労働によりメンタルヘルスの不調（多くの場合はうつ病）が生じた場合には、その労働者の長時間労働を把握しながら仕事量の調節をしなかった会社の責任、すなわち、安全配慮義務違反（労契法5条）と解されることが多いので、注意が必要です。

☞　**弁護士からのアドバイス**

　昨今、会社も個人も余裕のない状況が続いていますが、そうした中で就業する従業員の負荷の増加が、メンタルヘルス問題の顕在化につながっています。従業員の変調をいかに見逃さず（第4章Q1等）、事態が小さな問題のうちにどのように対処するか、ということが重要なポイントになります。

Q3　メンタルヘルス対策の必要な理由

設例　メンタルヘルスという言葉をよく聞きますが、従業員の疾病の中で、なぜ、メンタルヘルスが特別視され、対策の必要性が強調されなくてはならないのでしょうか。

(1)　メンタルヘルスの不調は、疾病の一つではあるが、内臓疾患・外傷（体の病気）とは異なった配慮が必要である。

(2)　メンタルヘルスの問題には、従業員個人の性格・資質の問題と思われる要素も関連する。

1　会社が負っている安全配慮義務

　会社は従業員との間に労働契約を締結し、従業員より労務の提供を受ける代わりに賃金を支払う義務を負うのですが、労働契約上、会社が負っている義務は、この賃金支払義務だけではありません。使用者（会社）は、「労働者が労務提供のために設置する場所、設備若しくは器具等を使用し又は使用者の指示のもとに労務を提供する過程において、労働者の生命及び身体等を危険から保護するように配慮する義務」（最判昭和59・4・10労判429号12頁〔川義事件〕）、即ち、労働者（従業員）に対する安全配慮義務を負っています。ですから、会社としては、極力、従業員の労務提供過程（つまりは業務）において疾病に至らぬよう、配慮する義務があります。裁判例で認められてきたこの義務は、労働契約法の施行（2008〔平成20〕年3月）により同法5条に明文化されました。

2　メンタルヘルスと安全配慮義務

　1で述べた疾病の中には、設例にもあるようにメンタルヘルスの不調も含まれるのですが、メンタルヘルスの不調は、本章Q2でも述べましたとおり、内臓疾患や外傷といったいわゆる体の病気に比較して、その発症過程には不明なところも多く、また、程度（特に就業不能なレベルにまで至っているか否か）についての判断も難しいところがあります。それだけに、安全配慮義務の履行に、より慎重な考慮が必要になります。

3　メンタルヘルス問題につき会社がとるべき措置・対応として　注意すべき点

　メンタルヘルス問題にかかわる会社（使用者）の安全配慮義務の履行として、注意すべき点（体の病気と比較して困難な点）は、メンタルヘルスの不調はその症状が表面に出にくく、かつ、程度において、就業不能・可能がはっきりわかるとは限らないことがあげられます。ですから、特に管理職としては、部下の常日頃の言動に留意し、その異常な兆候を発見することが責務になるのですが（具体的な兆候としては、第4章Q1）、当然ながら、管理職も、どの部下にメンタルヘルスの不調が存在し、あるいは進行中なのかは一見してはわからないことが多いのですから、こうした責務を履行することは実際上なかなか大変です。

　会社としては、転ばぬ先の杖ではありませんが、メンタルヘルス問題についての管理職研修あるいは従業員が容易に相談することのできるカウンセラーの用意、といった、事前の、それもやや網羅的な措置をとることが肝心になってきます（第3章Q3の「ストレスチェック制度」参照）。

☞ 弁護士からのアドバイス

　本章Q1でも述べましたとおり、近年、メンタルヘルスの不調者は著しく増

加し、それとともに、メンタルヘルス問題も社会的に大きくクローズアップされています。実務上の経験では、メンタルヘルスの不調者が一人いますと、その不調者をそれ以上悪化させまいとする上司および周囲の気遣い、たとえば就業させることが適当なのか否かといった調査・判断などの対応をする人事・労務担当者の業務増加といった点など、その会社が被る全体としての労力は、看過できないものがあります。

Q4　メンタルヘルスに関する法律

　　　従業員の健康を守る法律として、労働安全衛生法という法律があることは聞いているのですが、そのような法律等の中に、メンタルヘルスに関して規定されているものはあるのでしょうか。

(1)　労働者の健康を保持する法令には、労働基準法、労働安全衛生法、労働者災害補償保険法といった狭義の法律のほかに、厚生労働省の規定する指針、通達等がある。

(2)　メンタルヘルス対策についても、近時、法令に規定されるところが増えてきているが、法令の内容は一般的、抽象的なものでもあり、各使用者（会社）の工夫によるべきところが多い。

1　労働者の健康を保護するための法令

　使用者と労働者との間の法律関係を規定する労働法の領域には、使用者が労働者の健康を保持するための法令も多くみられるところです。その中の代表的なもので、労働者保護規定を充実させるべく設けられたのが、設例にもある労働安全衛生法です。また、労働基準法では、労働者が業務を原因として傷病にあった場合に、使用者に対する補償責任を規定しておりますが（同法75条）、これを受けて、より労働者の補償を充実させるべく、労働者災害補償保険法が設けられてもいます。

　また、以上の法律だけでなく、厚生労働省は、各種の指針、通達によって労働者の健康保持のための規則を設けています。以下に若干具体的に述べます。

2　メンタルヘルス対策のための法令の例

　メンタルヘルス対策のための法令の例としては、まず、前述の労働安全衛生法の中でいえば、2006（平成18）年の改正に際して設けられた、長時間労働者への医師による面接指導の実施の規定があげられます（同法66条の8、66条の9、104条）。これは、労働者の長時間労働が、当該労働者のメンタルヘルスに障害を及ぼすことが多いことに鑑みて、週40時間を超える労働が月間100時間を超え、疲労の蓄積が認められるような場合、労働者からの申し出により、医師の面接指導を義務づけるものです。

　また、2014（平成26）年の同法改正では、メンタルヘルス不調の未然防止（精神疾患の発見ではなく）を主たる目的として、「ストレスチェック制度」を規定し、事業主に対して、「心理的な負担の程度を把握するための検査等」を毎年実施することを労働者数50人以上の事業場に義務づけています（同法66条の10）。

　指針、通達の例で主なところをいえば、2015（平成27）年4月には改正労働安全衛生法に基づく「ストレスチェック制度」に関して省令・告示・指針が出され、ストレスチェックの実施者・方法、高ストレス者が出た場合の事業主が必要とされる施策（医師による面談指導等）が明らかにされており、また、2015（平成27）年11月には改正された「労働者の心の健康の保持増進のための指針」（メンタルヘルス指針）が定められ、事業場において事業者が講ずる労働者の心の健康の保持増進のための措置（以下、「メンタルヘルスケア」という）が適切かつ有効に実施されるよう、メンタルヘルスケアの原則的な実施方法について定めています。

　また、2017（平成29）年4月には、「健康診断結果に基づき事業者が講ずべき措置に関する指針」が改正され、健康診断の結果に基づく就業上の措置が適切かつ有効に実施されるため、就業上の措置の決定・実施の手順に従って、健康診断の実施、健康診断の結果についての医師等からの意見の聴取、就業上の措置の決定、健康情報の適正な取扱い等についての留意事項を定めています。

　これらとは若干趣旨が異なるものとしては、2004（平成16）年に策定され、2009（同21）年、2012（同24）年に改訂された「改訂　心の健康問題により休業した労働者の職場復帰支援の手引き」おいて、メンタルヘルス不調により休業した労働者に対する職場復帰を促進するための手順、方策（職場復帰プランの作成、職場復帰後のフォローアップ、試し出勤などが内容としてあげられています）、職場復帰支援の事例、休職から職場復帰にかかわる就業規則の一例等を掲載し、各事業場において実態に合った職場復帰プログラムの策定等が行われ、円滑な職場復帰支援が実施されることをめざしています。それぞれ、厚生労働省のホームページ上にて上述の名称を検索すればその内容を閲覧することができますので、参照されるとよいでしょう。

3　会社として安全配慮義務を果たしているといえるために

　1、2で述べたとおり、すでにメンタルヘルスに関しましても、法令においてある程度詳細な規定がおかれているのが現状ですが、いうまでもなく、法令は具体的な事案を離れて、使用者の講じるべき措置内容につき一般的、抽象的なものを規定しているにすぎず、最終的には、その事業場および従業員に適った方策を運用していかねばなりません。その際、往々にして使用者の措置が不十分であったとされやすいのが、やはり、長時間労働による事例および職場の人間関係による事例といえます（いわゆるパワーハラスメントの場合を含む）。換言すれば、こうした原因をなくしていく方策を、各使用者、事業場ごとに工夫していけば、メンタルヘルス対策の予防もおのずと実が伴ってくるものと思われます。ことに、精神疾患自体がいまだその発症の過程等につき解明されていない部分も多い以上、各使用者（会社）の応用に委ねられる部分が多くならざるを得ないでしょう。

☞ **弁護士からのアドバイス**

　今後、社会のデジタル化がますます進み便利になる反面、変化に対応できな

いためにメンタルヘルスに問題を生じる人が増えるおそれもあります。会社としては従業員に対する安全配慮義務を果たしながら、平素からメンタルヘルスに関する法律の動向に十分に気をつける必要があります。

Q5　メンタルヘルスの不調と労災認定

設例　メンタルヘルスの不調について労災認定されるケースが増えていると聞いているのですが、どのような場合に認定されることが多いのでしょうか。また、それを防ぐには、会社はどのようなところに注意していればよいのでしょうか。

(1)　メンタルヘルスの不調が労災認定されるケースは近年増加している。その認定の一般的基準に、厚生労働省から出ている指針があるものの、具体的には事案を総合考慮しての判断とならざるを得ない。

(2)　メンタルヘルス対策としては、メンタルヘルスの不調につき労災認定された事例を参考にするのが効率的である。

1　メンタルヘルスの不調に関する労災認定の増加

　設例にもあるように、近時、メンタルヘルスの不調による労災認定が急速に増えています。数字をあげれば、1999（平成11）年度では、メンタルヘルスの不調（精神疾患）による労災申請および労災認定は、それぞれ、155件、14件であったところですが、2020（令和2）年度では、それぞれ、2051件、608件となっており、簡単にいえば、約20年間で、認定数は43倍以上になっているところです（本章Q1〈表〉参照）。

2　労災認定の一般的基準

　メンタルヘルスの不調が発症する過程については、いまだ解明されていないところが少なくなく、メンタルヘルスの不調が業務上の原因によるもの

（労災）か否かの判断は困難なところが少なくありませんが、一般的な基準として、厚生労働省より、「心理的負荷による精神障害等に係る業務上外の判断指針」（平成11年9月14日基発第544号）およびそれを修正するものとして、平成21年4月6日付け基発第0406001号（「『心理的負荷による精神障害等に係る業務上外の判断指針』の一部改正について」）がありましたが、「心理的負荷による精神障害の認定基準について」（平成23年12月26日基発1226号第1号）が策定され、従前の判断指針は廃止されました。加えて、2020（令和2）年6月施行のパワーハラスメント防止措置の法制化に伴い、職場における「パワーハラスメント」の定義が法律上規定されたことなどを踏まえた改正もされました（令和2年5月29日付け基発0529第1号）。

　簡単にいうと、まずは、発症の6カ月前に精神障害を発症させるおそれのある業務による強度の心理的負荷が認められること、業務以外の心理的負荷および個人的要因によりその精神障害を発症したことは認められないこと、が基準とされています。

3　心理的負荷が大きいと認められる場合（裁判における具体例）

　具体的に、どのような場合に心理的負荷が大きいと解されるかは、事案全体を総合考慮して判断されるのですが、裁判例においては、長時間労働等の過重労働によるうつ病罹患の例（最判平成12・3・24労判779号13頁〔電通事件〕、東京高判平成21・7・28労判990号50頁〔アテストほか事件〕、大阪高判平成25・3・14労判1075号48頁〔天満労基署長（CSKうつ病自殺）事件〕等）、新入社員のトラブル遭遇による罹患の例（神戸地判平成8・4・26労判695号31頁〔加古川労基署長事件〕）、未経験かつ困難な業務との遭遇による罹患の例（福岡地判平成20・3・26労判964号35頁〔福岡東労基署長（粕谷農協）事件〕）、天災への対応不調により罹患した例（和歌山地判平成14・2・19労判826号67頁〔みくまの農協事件〕）などがみられます。

　これらに加え、近時、増加しているのが、いわゆる職場内のいじめ（パワーハラスメント）による精神障害罹患の例であり、たとえば直属上司からの発言を原因とする精神障害発症を認定した例（東京地判平成19・10・15労判

950号5頁〔国・静岡労基署長（日研化学）事件〕）、上司の感情的叱責等を原因として精神障害発症を認定した例（名古屋高判平成19・10・31労判954号31頁〔名古屋南労基署長（中部電力）事件〕、大阪高判平成29・9・29労判1174号43頁〔神戸西労基署長（阪神高速パトロール）事件〕等）が出てきています。

☞ **弁護士からのアドバイス**

　実務に携わってみると、メンタルヘルスの不調に対する個々の従業員の耐性はまことに千差万別である。長時間労働のような量的に測り得る要因であればある程度、一般的な防止策が可能なものの、それ以外のものについては、会社としては個々の精神疾患の不調を予想することが困難な場合も多くみられます。やはり、先行的な研修によって、従業員、特に管理職に対して、問題意識を常にもっていただくような社風を地道につくっていくことも必要と思われます。

第 2 章

採用とメンタルヘルスを
めぐる諸問題

Ｑ１　採用選考の際にメンタルヘルスについて尋ねてよいか

設例　このたび、会社の人手が足りなくなり中途の正社員を募集したのですが、定員を大きく上回る応募がありました。会社としてはできれば健康に不安のない者を採用したいと思っているのですが、メンタルヘルスの不調は完治が難しいと聞いています。そこで、採用選考の際、メンタルヘルスの不調（心の病）の罹患歴を尋ねたり、調査したりしたいのですが、問題はないでしょうか。

ここがPoint　企業には原則として採用の自由があるが、就職差別につながると指摘されるような行為は控えるべきであると考える。そのため、採用選考の面接においてメンタルヘルス不調の罹患歴や現状を尋ねたり、その調査を行うことは、直ちに違法になるわけではないものの、応募者のプライバシーへの配慮という視点から避けたほうがよい。

1　使用者の有する採用の自由と近時の傾向

　使用者が労働者を採用する際には、法律その他による特別の制限がない限り、使用者は憲法で認められている経済活動の自由の一環として契約締結の自由を有していることから採用の自由を有しており、それに伴い、その労働者に対して一定の調査権を有しています。この点、使用者が採用予定者の思想・信条を調査することの可否が問題となった三菱樹脂事件（最大判昭和48・12・12労判189号16頁）においても、採用の自由について「法律その他に

よる特別の制限がない限り、原則として自由」とし、採否決定に先立つ思想等の調査は「企業活動としての合理性を欠くものということはできない」と説示されており、当該事件の当時は使用者の調査する権利を認めていました。

しかし、半世紀近く前に出た上記判決後、社会情勢は大きく変化し、現在に至るまで、殊に個人のプライバシー保護や人権問題についての意識の高まりは著しいものがあります。2003（平成15）年にはいわゆる個人情報保護法が成立し度々の改正を経ているところ、2015（平成27）年改正により労働者の健康情報を事業者が取得しようとする際には労働者本人の同意が必要とされ（17条2項）、2016（平成28）年改正により「要配慮個人情報」の一つとして「病歴」が明記され（2条3項）、さらに「病歴」には「精神障害」も含まれることが政令（個人情報の保護に関する法律施行令（平成15年政令第507号））で示されました。加えて、2017（平成29）年には、厚生労働省より指針「雇用管理分野における個人情報のうち健康情報を取り扱うに当たっての留意事項について」が出されました。

これらの流れは、病気病歴といった健康情報は、当該個人にとって最も他人に知られたくないものの一つであり法的保護の対象であることが明文化されてきた経緯によるものともいえるでしょう（本設例と直接関係はありませんが、社員の健康情報等に関する取扱規程の整備が2019〔平成31〕年4月1日より事業者に義務づけられたことについても、十分留意すべきです（改正労働安全衛生法104条1項・2項。それに基づく「労働者の心身の状態に関する情報の適正な取扱いのために事業者が講ずべき措置に関する指針」参照）。

そして、企業の採用活動の場面でも、こうした健康情報の保護を重視する社会状況を踏まえた行動が求められていると理解すべきです。

厚生労働省の事業主向けガイドラインのパンフレット「公正な採用選考をめざして」（令和3年度版）では、「採用選考時に配慮すべき事項～就職差別につながるおそれがある14事項～」（6頁）の一つとして「『合理的・客観的に必要性が認められない採用選考時の健康診断』の実施」があげられ、ガイドラインが示す問題事例として、応募者の既往歴の確認も就職差別につなが

るおそれがあると明記されるに至ったことに鑑みれば、設例のような事例において軽々に問題ないと判断はできません。応募者の健康に関する情報は要配慮個人情報といえますから、本人のプライバシーの侵害となるような調査や質問は控えたほうがよいということになります。

　裁判例でも、前述の三菱樹脂事件判決の後に出されたB金融公庫（B型肝炎ウイルス感染検査）事件（東京地判平成15・6・20労判854号5頁）などにおいては、採用の可否を判断する採用過程において、当人の合意なくしてB型肝炎ウイルス検査を行ったことにつき、プライバシー権を侵害するものとして違法とされています。また、若干、事例は異なりますが、警視庁事件（東京地判平成15・5・28労判852号11頁）では、採用後に当人の同意なきHIV抗体検査を行ったことにつき、原則違法としています。

　これらは、いずれも、B型肝炎ウイルスやHIVウイルスのキャリアであるというだけでは労働制限が必要であったり職務に不適であるとはいえず、調査の必要性がないことが理由としてあげられています。

2　雇入れ時の健康診断との相違

　企業において、採用面接時ではなく、労働安全衛生規則43条に基づいて採用の内定した者の雇入れ時に健康診断を行うことはよくみられます。

　ただし、雇入れ時の健康診断については、「常時使用する労働者を雇い入れた際における適正配置、入職後の健康管理に資するために実施するものであって、採用選考時に実施することを義務づけたものではなく、また、応募者の採否を決定するために実施するものでもありません」、「健康診断の必要性を慎重に検討することなく、採用選考時に健康診断を実施することは、応募者の適正と能力を判断する上で必要のない事項を把握する可能性があり、結果として、就職差別につながるおそれがあります」とされていることに、留意が必要です（「雇入時の健康診断の趣旨の徹底について」「採用選考時の健康診断について」労働省平成5年事務連絡）。

　また、採用内定は原則として労働契約の締結ですから、労働契約において労働者をその健康状態を理由にして直ちに解雇できないのと同様に、採用内

定者についても、健康診断の結果によって直ちに内定を取り消せるとはならないことにも留意すべきです。

☞ **弁護士からのアドバイス**

　解説のとおり、個人の病歴、病状は、重要なプライバシーとしてその取扱いには慎重な考慮と配慮が必要です。

Q2　採用選考時におけるメンタルヘルス不調の罹患歴の見分け方と詐称への対応

設例
　　　正社員の採用面接を行うにあたり、長く働いてもらうためにも、できればメンタル疾患の罹患歴のある人は採用を慎重に考えたいところです。そこで、採用選考の時点で、応募者のメンタル疾患の罹患歴の有無を見分けたいと思うのですが、何かよい方法はないでしょうか。

　　　また、採用面接でメンタル疾患の罹患歴がないか本人に直接確認して、本人から「罹患歴なし」との回答を得て採用となったとして、もし、採用後に罹患歴があることが判明した場合には、その者を解雇できるのでしょうか。

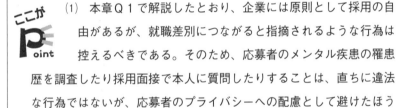

ここが
Point

(1)　本章Q1で解説したとおり、企業には原則として採用の自由があるが、就職差別につながると指摘されるような行為は控えるべきである。そのため、応募者のメンタル疾患の罹患歴を調査したり採用面接で本人に質問したりすることは、直ちに違法な行為ではないが、応募者のプライバシーへの配慮として避けたほうがよい。

(2)　個人のプライバシーの保護を重んじる社会状況は法整備の面でも進んできていることに十分留意して、採用活動を行う必要がある。

1　採用選考時にメンタルヘルス不調の罹患歴を調査することの可否

　内臓疾患や外傷といったいわゆる体の病気と違い、心の病気ともいえるメンタルヘルスの不調は、未だにその構造・内容が医学的にも十分解明されているとはいえない面もあり、いったん治癒したと思われても、一定期間の後に再発するという事象が、体の病気と比較しても多くみられるようです。そのため使用者としても、採用後の人材活用という見地からして、メンタル不調に陥る可能性の高い者はできれば慎重に考えたいというのは率直なところと思われます。

　そこで、採用選考時にこういったメンタル不調の罹患歴を調査したいのが使用者の要請としてあり得るところですが、本章Q1でも述べたとおり、現在は就職差別につながる行為とされている以上、避けたほうがよいでしょう。

　使用者は原則として採用の自由を有していますので、かつてはその労働者の採用にあたって一定の調査権を有していると広く解されていたところ（最大判昭和48・12・12労判189号16頁・三菱樹脂事件）、個人のプライバシー・個人情報・健康情報の保護を重視する社会状況の変化に伴い、現在では、採用選考時の病歴の健康診断は合理的・客観的な必要性が認められない限り、就職差別につながる行為であるとされています（厚生労働省ガイドラインのパンフレット「公正な採用選考をめざして」〔令和3年版〕参照。以下、「本ガイドライン」といいます）。本ガイドラインでは、採用選考時の健康診断で合理的・客観的に必要性の認められる例として、「運転・配送業務で求人募集する際、失神等の発作が生じないか確認」および「食品関連会社の製造工程の採用でアトピー性皮膚炎などアレルギー症状を確認」という限られた事例をあげています。

　なお、本人の同意があればプライバシーの侵害にはならないとの視点から、メンタル不調の罹患歴等を採用面接で本人に直接質問しようと考える企業もあるかもしれませんが、これも避けるべきです。

　本ガイドラインは、事前に応募者の健康状態を知り、採用後の配置への配慮をするためという大義名分の下、採用面接で応募者に既往歴を質問している事例について、「過去の病歴が現在の業務を遂行する適正・能力の判断には通常結びつかないこと」、「完治により就労に問題がない場合でも病気等のもつ社会的なイメージにより不採用としてしまうおそれがあること」、「企業が適正配置というつもりで確認していても、応募者、特に既往歴がある方からすると、そういった質問をされることにより不採用とされてしまうのではないかという不安を生じさせること」等の理由から、就職差別につながるおそれがあるとしています。

2　採用選考の時点で企業側がなし得ること

　このように、採用選考の時点で、応募者のメンタルヘルス不調の罹患歴等を知ることはできない状況を前提として、企業はどのような点に留意したらよいのかという問題になります。

　筆者が実務上経験したところをいえば、中途採用者については、その者の職務経歴（職歴）に着目することが一つのポイントであると思われます。

　つまり、職歴に空白の期間がなければ、その職歴に書かれている記述内容を証明する資料（離職票等）を提出してもらうという方法がありますが、その時点で、こういった資料を提出できず、職歴内容に誤りが判明した者については、採用を控えるということになります。また、応募者の職歴に空白期間がある場合には、その原因をニュートラルに質問し、面接官として納得し得る回答を得られるかどうか判断することになります。

　筆者が以前、実績のある経営者からご自身の経験談として聞いた話ですが、応募者が当該企業に貢献し得る人材かどうか採用面接で見極めるためには、面接官として「人を見る」という多くの経験を積む必要があるということでした（応募者の所作・目の動き・反応などの様子）。これは至極当然のことですが、急速に進むデジタル社会において意外と見落とされがちな視点でもあります。経営者、採用担当者の参考になればと思います。

3　経歴詐称への対応

　設例後段は、その罹患歴を尋ねた結果の応募者からの回答が虚偽であった場合、使用者のとり得る措置（解雇の可否）の問題です。

　メンタルヘルスの問題とは関係なく、入社時に当該労働者が使用者に申告していた内容に虚偽があった場合のことは一般に経歴詐称とよばれ、その者への人事措置（主なものは解雇）の可否が問題になります。

　こうした経歴詐称は解雇事由となるとされている裁判例は多いのですが（たとえば、学歴詐称につき、最判平成3・9・19労判615号16頁・炭研精工事件等）、詐称された経歴は重要なものであることを要するとされています（菅野和夫『労働法〔第12版〕』707頁）。

　したがって、メンタルヘルス不調の罹患歴の詐称が、重要なものといえるか否かが問題となります。しかし、そもそも前述のとおり、採用選考で応募者のメンタルヘルス不調の罹患歴等を調査したり尋ねたりすることは、直ちに違法ではないものの、就職差別につながる行為であり避けるべきですから、検討の前提が十全には認められないことになります。また、応募者が自らの罹患歴について正直に回答しづらいという心情はプライバシー保護の面からも理解できるものですから、就職差別につながるおそれのあるような採用面接における虚偽の回答のみを理由として解雇するのは、妥当でないと考えます。

　なお、30年ほど前の古い判例ですが、てんかん発作の病歴を秘匿して採用された市職員の分限免職（私企業における解雇に相当）の有効性が争われた福島市職員事件（仙台高決昭和55・12・8労判365号速報カード33頁）があります。市職員採用試験の一環としての身体検査表の「ひきつけの発作（てんかん）をおこしたことがありますか」との質問事項について「いいえ」の回答欄に○印を記入したという事案について、裁判所は、「秘匿された病歴が右能力（筆者注：職務遂行能力）の判定に影響を及ぼす虞の少ない軽度のものであるならば、右秘匿をもって、直ちに分限免職を相当とする理由と」はならないとしたうえで、当該労働者の「てんかん症状は相当軽度なものであるこ

とが一応認められ」るとして、当該労働者への分限免職処分を無効としました。

> **☞ 弁護士からのアドバイス**
>
> 　メンタルヘルスの不調は再発する場合が少なくなく、使用者としても、その罹患歴がある者はできるだけ採用を避けたいのは実情でしょう。しかし、メンタルヘルスの不調は、実に幅があり、それこそ、適正な管理を行えば通常の業務は続けられる、あるいは少しの業務制限で就業可能という者も少なくなく、その中には、能力、意欲の面ですぐれている者も存します。企業には原則として採用の自由がある一方で、応募者のプライバシー保護の要請があることに十分配慮して、就職差別などと指摘を受けないように留意しながら、採用活動を進める必要があります。

第 3 章

メンタルヘルスに対する
日常的な体制づくり

I　会社全体の体制づくり

Q1　会社としての心の健康問題への取組み方

設例　　会社として従業員の心の健康の問題にどのように取り組んだらよいですか。

> ここが
> **Point**
>
> (1)　メンタルヘルス対策は、単に会社の従業員に対する法的義務のみではなく、企業の経営上の観点からも必要である。
>
> (2)　メンタルヘルスの不調者への適切な対応、休業した労働者の職場復帰等、職場のメンタルヘルス対策を総合的に推進していくためには、メンタルヘルス対策に対応した規程の整備と、管理職をはじめとする関係者の意識、職場風土を醸成していく必要がある。

1　メンタルヘルス対策の必要性

　メンタルヘルスの不調（いわゆる心の病気）は、近年、企業活動に対する影響が看過し得なくなってきており、会社としては、その対策が急がれています。この対応は、会社が従業員に対して負っている安全配慮義務（労契法5条）という法的義務のみならず、会社の経営上も必要です。すなわち、メンタル不調者が出ても、わが国における解雇権濫用法理の下では、即時に雇用を解くことはできず、代替者の採用は慎重にならざるを得ず、かつ、不調者の活用もできないこととなります（当該不調者が、業務上ある程度のノウハウ・経験を有している従業員であれば、その損失はより大きくなります）。しかも、メンタルヘルスの不調は往々にして、寛解、再発を繰り返す傾向にあり、微妙かつ慎重な対応が長期間要求され、会社の間接部門の負担も大きな

ものがあります。

2　メンタルヘルスの不調の原因の違い

　こうしたメンタルヘルスの不調の原因には、現在、クローズアップされているものとしては、従業員への過重な負荷（長時間労働等）、パワーハラスメント等といった会社側がその原因を防止することができるもの（すべきもの）もありますが（第1章Q2、第8章参照）、ストレス耐性の弱さ等のように当該不調者側にも原因がある場合も多く、後者の場合がある以上、会社としては、メンタルヘルスの不調をできるだけ防止するという対策のみならず、実際にメンタルヘルスの不調が発症した場合に、スムーズに労務対策がとれるような体制が必要です。

3　スムーズな労務対策のために

　メンタルヘルスの問題が実際に発生した場合、えてして、「なぜ、メンタルヘルスの不調（心の病）に早めに気がつかなかったのか」といった結果論的な反省の声があがります。その次には、「メンタルヘルスの不調者を休ませるにしても、規程が存在しない（あるいは、既存の規程には適合しない）ためどうしたらよいのかわからない」、「休職期間が満了したものの回復の見込みがない社員に対して、アクションをとりたいが、既存の規程に当てはまる根拠がないため動けない」といった悩みが出てきます。他にも多くの問題が生じますが、まずはこれらの反省点、悩みに対応するための事前の対策は、大要、以下のようなものとなります。

　①　心身の不調者が精神疾患になる前にケアできる体制づくり

　　　これには、第1章Q4等で触れたような、厚生労働省の指針：「労働者の心の健康の保持増進のための指針」（メンタルヘルス指針）等の対策（ケア）の実施がその例となります。

　②　管理職がメンタルヘルスの不調者に早めに気づいてあげられるための管理職の教育・研修の実施

　　　これには、1で述べたようなメンタルヘルス対策が会社にとって有す

る意義を自覚し、メンタルヘルスの不調者の兆候（第4章Q1）についての認識を高めることが重要でしょう。

③　メンタルヘルス対策に対応した規程の整備

　　これは、簡単に例をあげれば、「受診命令に関する規定」、「休職中の報告義務に関する規定」、「復帰の可否判断に関する規定」、「再休職に関する規定」、「休職期間の通算に関する規定」、「リハビリ出社、出勤についての規定」などといったものがあげられます。

☞ 弁護士からのアドバイス

　メンタルヘルス問題は、労務問題の中では比較的に未だ日が浅く、その実務的な対策が完全には固まっているとはいいがたいところがあります。そうした中、会社がなすべきことは、従業員への日頃の気配り・目配りにおいてなるべく丁寧に行うように心掛けることと、公平かつ事前に周知していた対策がとれるように規程を整備することと思われます。

Q2　従業員のメンタル不調とプライバシー・個人情報への対応

設例　弊社の従業員の中に、健康診断やストレスチェックといった調査の結果、メンタル不調と認められた従業員がいます。この従業員に対して業務上の負荷を調整するためにも、この従業員の上司に対して調査の結果を伝えるに際して留意することはどのようなことでしょうか。

(1)　労働者のプライバシー重視の見地から、労働者の心身の状態に関する情報は適切に取り扱われなければならない。そのため、健康診断やストレスチェックの面接指導の結果を上司と共有する場合には、原則として本人の同意を得る必要がある。

(2)　本人の同意を得られない場合、上記の結果によっては労働者に就業させられないこともあり得る。

1　「ストレスチェック」制度と労働者のプライバシーとの関連

　ストレスチェック制度の詳細は次のQ3に譲りここでは概要だけふれますと、ストレスチェック制度とは、事業者（使用者）が、労働者に対し、1年以内に1回、定期に、医師等（医師、保健師、所定の研修を受けた歯科医師、看護師等）による検査（ストレスチェック）を受けさせるものです（安衛法66条の10第1項）。それにより、使用者は、ストレスチェックを受けた労働者に対して、ストレスチェックを行った医師等より、検査結果が通知されるようにとりはからう必要があり（同条2項）、医師による面接指導が必要であると医師等により認められた労働者が面接指導を希望する旨申し出たときは、

その労働者に対し遅滞なく医師による面接指導を行わなければなりません（同条3項）。この面接指導が行われた後は、労働者の健康保持のために必要な措置について、医師の意見を聴き（同条5項）、必要と認められたときは、就業場所変更、作業転換、労働時間の短縮等の措置を講じなければならないとされています（同条6項）。

このような過程で、使用者としてはある労働者についてメンタル不調であると認識することがあるだけでなく、その労働者に対して就業場所の変更、労働時間の短縮といった負荷軽減の措置をとることが求められており、その措置を実効的に行うためには、現場の関係者（具体的には、当該労働者の上司）に、当該労働者の健康状況をある程度は情報共有することが望ましいことです。しかし、メンタル不調であることおよびその不調の内容（病名等）・程度は、個人にとってセンシティブな情報であることはいうまでもなく、労働者のプラバシーへの考慮が必要となります。この点、個人情報保護法2条3項において、病歴も「要配慮個人情報」と規定され、不当な差別や偏見その他の不利益が生じないようにその取扱いに特に配慮を要するものとされています。

2　裁判例にみる労働者のプライバシーへの配慮の必要性

使用者は、労働者がその生命、身体等の安全を確保しつつ労働ができるように配慮するという安全配慮義務を負っているのですが（労契法5条）、同時に、労働者は一個の独立した人格である以上、労働者個々人のプライバシーにも配慮しなければならないことは当然です。この使用者の安全配慮義務と労働者のプライバシーとの間のバランスが問題となった重要な裁判例としてはHIV感染者解雇事件（東京地判平成7・3・30労判667号14頁）があります。これは、派遣先会社が、その調査によって自社が受け入れていた派遣労働者がHIVに感染していることを知り、それを派遣労働者本人だけでなく、派遣元会社や派遣先従業員にも連絡、情報共有したことが不法行為に該当するか否かが問題となった事案ですが、判決は、「使用者が被用者に対し、……健康に配慮すべき義務を負っている……が、……被用者との間に直接の雇用

契約関係にない場合であっても、右被用者に対し、現実に労務指揮・命令している場合にあっては、使用者の立場に立ち同様の義務を負う……。しかし、使用者といえども被用者のプライバシーに属する事柄についてはこれを侵すことは許されず、同様に、被用者のプライバシーに属する情報を得た場合にあっても、これを保持する義務を負い、これをみだりに第三者に漏洩することはプライバシーの権利の侵害として違法となる」と説示したうえで、当該労働者のHIV感染の事実につき「連絡の必要性ないし正当の理由があったとは到底認められない」、「知らせなければならなかった業務上の必要があったとは到底考えられず、他に執るべき手段がなかったなどとは言えない」等と説示し、上記連絡、情報共有につき違法としました（結果として、当該労働者に対する損害賠償責任を認定）。

　HIV感染は、発症後の予後は不良ではあるが（難治性）、発症するまでに長い期間（数年から十数年）があること、それまでは日常の生活には格別支障がないこと、感染機会も血液媒介と性的接触が感染機会として重視されているという性質を有しており、感染の事実を情報共有する必要性が高くない一方で、被感染者に対する当時の社会的偏見にも鑑みて、当該労働者のプライバシーを侵害する度合いが大きいとの判断に立ったものと解されます。

3　実務上の配慮

　2で述べたとおり、労働者への安全配慮義務とプライバシーへの配慮は、結論としては、事案ごとに、当該労働者のメンタル不調の内容、程度等を前提として、労働者のプライバシーを尊重して、安全配慮義務を尽くすのにどの程度の内容の情報を、どのくらいの範囲の人たちに情報共有することが必要かを考えることとなります。ただ、難しいのは、個別の判断になるので正解が見えにくいことと、安全配慮義務の程度が高くなりそうな場合（一般に、メンタルヘルス不調の度合いが高い場合）ほど、労働者のプライバシーを侵害する度合いが大きくなりがちであること（当該労働者としては知られたくない度合いが大きくなる）、ということです。

　こうなると、実務としては、医師の判断を得ながら、当該労働者と話し

合ったうえで、その同意を得た範囲での情報共有を図らざるを得ないでしょう。なお、医師が、当該労働者を含めた従業員への安全配慮のために一定の情報共有が必要であると判断しつつも、当該労働者が情報共有に同意しないというケースが非常に悩ましいですが、現時点の私見としては、極力、同意を得る努力をしつつ、それでも同意を得られない場合には、その結果の深刻度によっては傷病や特別の事情を事由とする休職や就業停止なども命じざるを得ないと考えます。

☞ **弁護士からのアドバイス**

　労働者のメンタルヘルス不調の状況を他の従業員と情報共有するについての、当該労働者の同意を得る努力をする場合、当人に対しては、情報共有の必要性を具体的に説明することが効果的です。そのためにも、医師の所見をとりつつ、同意の努力を行うことが有効です。

Q3　ストレスチェック制度の内容と活用の仕方

設例　　労働者のメンタルヘルス不調を未然に防止するために、ストレスチェック制度が設けられていると聞きますが、これは、どのような内容のものなのでしょうか。また、これを怠ると、会社に対してどのような制裁、罰則があるのでしょうか。

なお、労働者によっては、こういった調査を嫌がる者が出てくると思いますが、その場合、どのように対応したらよいのでしょうか。

ここが Point　　ストレスチェック制度とは、常時50人以上の労働者を雇用する事業者に実施が義務づけられるもので、1年以内に1回、定期的に労働者のストレスの状況について、医師、保健師等が検査を行うとともに、事業者が、労働基準監督署に対して実施状況を報告する制度である（この報告を怠った場合は、最大50万円の罰則金の支払いが規定されています）。

1　「ストレスチェック」制度とは

ストレスチェック制度とは、近年、ストレスによってメンタルヘルス不調に陥る労働者の増加に鑑み、その対策として、2014（平成26）年の労働安全衛生法改正により設けられた制度です。

概要の内容としては、事業者（使用者）は、労働者に対し、1年以内に1回、定期に、医師等（医師、保健師、所定の研修を受けた歯科医師、看護師等）による検査（ストレスチェック）を受けさせるものです（安衛法66条の10第1項）。検査する項目については、厚生労働省が無償で提供している「ストレ

スチェック実施プログラム」を使用する方法があり（「職業性ストレス簡易調査票（57項目）」として、同省ホームページに掲載されています）、また、各使用者がオリジナルに作成した質問項目を作成する方法もあります。

2　「ストレスチェック」を受けての使用者の義務

　使用者が負う義務の概要として、以下のとおりです。

　まず、使用者は、ストレスチェックを受けた労働者に対して、ストレスチェックを行った医師等より、検査結果が通知されるようにとりはからう必要があります（安衛法66条の10第2項）。また、医師等から上記の通知を受けた労働者が、医師による面接指導が必要であると通知した医師等により認められた場合で、その労働者が面接指導を希望する旨申し出たときは、その労働者に対し遅滞なく医師による面接指導が行われなければなりません（安衛法66条の10第3項）。この面接指導が行われた後は、面接指導が行われた労働者の健康保持のために必要な措置について、医師の意見を聴かねばならないともされており（安衛法66条の10第5項）、更には、医師の意見を勘案して必要と認められたときは、就業場所変更、作業転換、労働時間の短縮等の措置を講じなければなりません（安衛法66条の10第6項）。

　以上のような、個別の労働者への措置とは別個に、使用者は、より総合的な措置として、ストレスチェックを行った医師等に、ストレスチェックの結果について、一定規模の集団ごとに集計させて分析させるように努めさせるとともに（安衛法規則52条の14第1項）、その結果に鑑み、必要と認めるときは、その集団の心理的負担を軽減する措置をとらなくてはならないとされています（安衛法規則52条の14第2項）。

　以上のうち、労働者による面接指導の申入れ、その面接指導についての医師の意見の聴取、その結果に鑑みての措置（労働時間短縮等）は、これらを怠ると、当該労働者の健康・身体・生命への安全配慮義務違反に直結しかねないものであるので、特に注意が必要です。また、より総合的な考慮として、医師等によるストレスチェック結果の集計・分析は、より事前に（未然に）、労働者のメンタルヘルスの不調の芽を摘むことができる措置であって、

これを怠りメンタルヘルスの不調者が出た場合、労働者への安全配慮義務違反に問われる可能性があります。

　なお、常時50人以上の労働者を使用する事業者（使用者）は、ストレスチェックを１年以内ごとに１回実施することが義務づけられ、所轄の労働基準監督署に、ストレスチェックの結果等報告書を提出しなければなりません（安衛法規則52条の21）。

3　労働者の義務

　「ストレスチェック」制度は、使用者に対して実施を義務づける制度であって、労働者にはストレスチェックを受けるようには義務づけられてはおらず、ストレスチェックを受けるか否かは、労働者の自由意思によることとなっています。しかし、ストレスチェックは、労働者のメンタルヘルス不調およびその兆しを探知するのに有用な制度ですので、使用者としては、むしろストレスチェックを受けない労働者に対しては、受けるようにすすめるのが適切と思われます。

　少なくとも、不幸にして、ある労働者にメンタルヘルスの不調によりその健康に障害が生じた場合、使用者がその労働者に対して安全配慮義務（労契法５条）を尽くしていたか否かが問題点の一つとなり得ますが、使用者がストレスチェックを受けるように積極的にすすめていたという事実は、安全配慮義務を尽くしていたという方向に評価される一つの要素となると思われます。もっとも、あくまでストレスチェックを受けるか否かは、個々の労働者の自由意思に委ねられており、それを受けないことをもって、使用者が労働者に対して不利益取扱いをすることはできないと解されていますので、留意してください。

☞ 弁護士からのアドバイス

　「ストレスチェック」制度は、労働安全衛生法に規定されている制度で、単

に、労働者に医師等によるストレスチェックを受けさせればよいというだけではなく、それを受けて適切な措置をとらないと、使用者側の安全配慮義務違反にも問われることがあると思われます。

Q4　中小企業でのメンタルヘルス対応の考え方

設例　当社のような中小企業では、人員不足等から組織的なメンタルヘルス対応が難しいのですが、どこまで体制づくりをしなければならないのでしょうか。

(1)　メンタルヘルス対策といっても、中小企業の場合には、対応すべき事柄の中で優先順位をつけざるを得ない場合もあるであろう。その場合、優先順位の高いものは、メンタルヘルスの予防対策は当然のこととして、それを措くとすれば、まずは就業規則の整備であり、また、会社が相談できる精神科医等の専門医の確保と思われる。

(2)　従業員のメンタルヘルス問題に社内だけで対応できないことを前提にした方策をあらかじめ検討しておくことが大事である。

1　メンタルヘルス対策の難点

　第1章Q3にもあるように、会社にとって、メンタルヘルス対策は従業員に対する安全配慮義務（労契法5条）の履行であるのみならず、会社の営業活動にも資するものなのですが、メンタルヘルスの不調の発症は従業員の個人差によるものであることも事実であり、会社としては、格段の対策をせずとも、大事なく平穏に過ごすことができている場合も少なくありません。特に従業員の少ない中小企業などでは、特に何か対策を講じなくても、最初の大事が起こるまでは平穏無事に過ごしているのが実情です。そのために、メンタルヘルス対策の重要性を社内に理解してもらえなかったり、喫緊の課題と受け取ってはもらえない場合も多いかもしれません。

　そこで、現実的対応としては、望ましいメンタルヘルス対策の中でも、ど

れから手をつけていくかを考える（優先順位を決める）ことが避けられない
こともあります。

2　メンタルヘルス対策と就業規則、精神科医等専門医の確保

　何から手をつけていくかということですが、もちろん、メンタルヘルスの
不調な従業員が出ないようにすることが最優先です。しかし、メンタルヘル
スの発生は、どのような措置をとっても、発生してしまう場合をなくすこと
はできず、そうした見地からは、現実の対策においては、まずは、会社の根
幹たる就業規則の整備が絶対に必須です。これが不十分では、いざメンタル
ヘルスの不調者が出た際に、会社側としていかような対策をどのような事実
関係があった場合にとりうるのかが定まりませんから、対策を施せないか、
施したとしても間違える可能性が大きくなります（たとえば、休職発令をなし
得ない者に休職を発令してしまうなど）。

　次に手をつけたいのが、相談できる精神科医・心療内科医等の専門医の確
保です。もとより、昨今のメンタルヘルスの不調者の著しい増加に鑑みれ
ば、産業医として専門医をお願いできれば好都合なのですが、それができる
場合ばかりでもありませんから、会社として、メンタルヘルス問題で困った
ときにはこの医師のところにいく、という提携先をつくっておくことが極め
て重要です。もちろん、その医師は、相応にその所見が信頼でき、会社の実
情（特に業務内容）について、理解してくれる方（さらにいえば、理解しよう
とする姿勢をもってくれる方）であることが必要です。このような医師の提携
先がなければ、メンタルヘルスの不調者が出た場合、当該不調者の主張する
状況（疾患の有無、程度～特に当該不調者が担当していた業務を遂行できるか否
か等）につき、会社側が疑問を抱かざるを得ないような場合でも、会社側と
しては何もいえないこととなります（たとえば、休職後に復職を希望する者が、
「就業可能」との診断書を根拠に復職を希望するものの、どうみても会社としては
業務遂行上困難とみざるを得ない場合）。専門医の探し方については、コラム・
答えます②（86頁）も参照してください。

　ほかにも、会社のメンタルヘルス対策（特に予防面）はまだまだあります

が、まずは、この二つより着手されるのをおすすめします。

　なお、小規模事業場向けサービスとして、地域産業保健センター（地域窓口）が厚生労働省所管の労働者健康安全機構により運営されています。同センターは、メンタルヘルスを含む労働者の健康管理の相談や、ストレスチェックにかかる高ストレス者・長時間勤務労働者に対する面接指導等の相談を受け付けていますので、活用されるとよいでしょう。

☞ 弁護士からのアドバイス

　メンタルヘルス対策は、いわば「転ばぬ先の杖」であり、転ぶことがなければその効用は発揮されません。また、当然ながら、積極的に利益を生むものでもありません。そのような中で、早めに着手しなければならないのが、解説で述べた2点といえます（むろん、その他のことをしなくてよいということではありません）。

Ⅱ　担当者・管理職の職務

Q5　メンタルヘルスの対策担当者としての出発点

設例　このたび、当社のメンタルヘルス対策の担当者として、私が就任することとなりました。しかし、メンタルヘルスの問題が社会的にも大きな問題であり、新しい仕事に不安も大きくプレッシャーを感じています。担当者としては、まずはどのようなことに注意して職務を始めるべきでしょうか。

(1)　メンタルヘルス対策の担当者の出発点は、メンタルヘルスの不調の予防と、メンタルヘルスの不調があった場合に適切な対応ができるための体制づくりである。

(2)　上記のうち、予防の面の指標として最初に留意すべきなのは、ストレスチェック（本章Q3参照）と法令、厚生労働省の指針（第1章Q4等参照）であり、体制づくりの面において重要なものの一つが、就業規則の休職関連規定を検討することである。

1　メンタルヘルス対策の二つの側面

一口にメンタルヘルス対策といっても、会社にとって、メンタルヘルスの対策には、

①　メンタルヘルスの不調者が生じることの予防

②　メンタルヘルスの不調者が生じた場合に、適切な対応がとれるための

　　体制の整備および適切な対応

といった、いわゆる、事前の予防、事後の対策の二つの側面が考えられます。ただし、上記の②の後半の、適切な対応に関しては、案件が生じてからの対応となり設例から外れますので、本解説では、①および、②の前半の側面を考えていくこととします。

2　メンタルヘルスの不調者が生じることの予防

　この予防策については、最終的には会社全体の問題であり、一担当者ができることは限られてはいますが、行うべきこととしては、まずは最低限の法令、厚生労働省の指針を遵守するための企画、会社上層部への具申があげられます（法令、指針の主なところについては、第1章Q4等参照）。

　また、本書の他の箇所でも多々触れておりますが、実務面でいえば、メンタルヘルスの不調の原因は、過重な勤務（特に長時間労働）やハラスメントによるものが多いところです。

　したがって、長時間労働の点についていえば、たとえば、各従業員の労働時間を的確に把握できるようにし（管理監督者も含めて）、そもそも長時間労働が生じないような仕事の方法、社内体制の工夫を行うとともに、それでもたとえば時間外労働が月100時間を超えるような場合には（当該従業員からの申出により）、確実に医師の面接指導（安衛法66条の8、66条の8の2〜4、安衛法規則52条の2〜7の4）が受けられるような条件を整備することが必要でしょうし、ハラスメントについていえば、本来、メンタルヘルス対策に限られたことではありませんが、ハラスメント相談窓口の整備・周知、相談があった場合の対応の準備（事前に対応マニュアルを用意すること）といったことを確実に行うことが例としてあがるでしょう。

　なお、セクシュアルハラスメント対策、妊娠・出産・育児休業・介護休業等に関するハラスメント対策、パワーハラスメント対策は事業主の義務であることに留意する必要があります（パワーハラスメントの措置義務については、中小企業は2022年3月31日までの間は努力義務）。

3　メンタルヘルスの不調者が生じた場合に適切な対応がとれる ための体制の整備

この点に関しては、実務の経験でいえば、まずは、職場の管理職が、その気づいたところを会社人事部（メンタルヘルス担当者）に報告、相談できる体制を整備することが肝要と思われます。問題が大きくなるまで現場で対応し、メンタルヘルスの不調者の感情や健康をこじらせてしまってから人事部に相談した結果、すでに問題を沈静化するに手遅れであったという事例を散見します。

また、この点で肝要なのは、本書の他の箇所でも再々述べますが、就業規則の休職関連の規定が、メンタルヘルス対策の時代に適ったものになっているか否か、検討していくことです。たとえば、第7章Q7などでも述べますが、休職後の復職の後の欠勤について、休職期間の通算規定がないような場合（あるいは、通算のための要件が厳しい場合）、結果的に、休職と復職を繰り返す従業員への対処に会社が苦しむこととなります。

☞ 弁護士からのアドバイス

現在では、メンタルヘルスの対策担当者の職務は、大変重要なものといえます。メンタルヘルス対策を誤れば、当該労働者の安全・健康を確保できないだけでなく、会社において、事実上想定外の戦力外従業員に対して対応が難しくなり、コストの点でも周囲の従業員との調和（公平感）の点でも、難しい問題が生じます。

Ｑ６　メンタルヘルス対策に関する職場管理職の役割と心構え

設例　このたび、当社で管理職に就任するのですが、昨今、メンタルヘルス対策が社会的に大きな問題となっていると聞いています。そこで、メンタルヘルス対策について、職場の管理職としてはどのような役割が期待されているのか、また、どのような点に留意していくべきなのか、教えてください。

(1)　職場に関する限り、メンタルヘルスの不調の原因は、従業員への心身の負荷が原因であるので、職場の管理職としては、部下である従業員の負荷（たとえば、長時間労働、不慣れな仕事、ハラスメント等）に注意が必要である。

(2)　たとえメンタルヘルスの不調に陥っても、初期に気づいて対策をとれば、その悪化は防げる場合があるので、メンタルヘルスの不調者の一般的サインを見逃さないことが肝要である。

1　メンタルヘルス対策と職場

　医学的には、メンタルヘルスの不調の発症の過程は未だ解明されていない部分があり、また、メンタルヘルスの要因も、案件ごとにさまざまなものがあげられているのが現状です。しかし、メンタルヘルスの不調の要因として、当該不調者自身の素因によるとされる場合もありますが、当該不調者の心身への過重な負荷が原因とされる場合も少なくありません。

　職場の管理職にとっては、こうしたメンタルヘルスの不調の原因である、心身への過重な負荷がかかっている者が、自分の部下の中にいないか、とい

うことに注意することが、まず最初の役割となります。

　一口に、心身への過重な負荷といっても、負荷の内容にもいろいろとありますが、裁判例等によく出てくるものでわかりやすい例を三つあげれば、①長時間労働、②慣れない仕事（新規の営業先、作業の種類、災害等不測の事態の対応等）、③ハラスメント（職場におけるいじめ、いやがらせ等）が問題となりがちです。このうち、①は、各部下の時間外労働時間を把握する方策が必要なものの、ある程度計数化して負荷の度合いを測ることができますが、②については、受ける負荷には個人差が大きく、往々にして職場管理職としては負荷の度合いを判断することが難しいところがありますが、職務内容が変化・追加した部下従業員に特に気を付け、その悩みを聞けるような関係にあることが肝要といえます。③については、管理職である自らが部下に対してパワーハラスメントを行うことは論外ですが、自分の管轄する部署内において、ハラスメント（特に実務上多く見られるのが、先輩による部下へのいじめや意地悪、セクシュアルハラスメント等です）を未然に防止する、少なくとも大きな事態を生じないようにするため、部署内の様子をできるだけ日常よりよく観察しておくことと、ハラスメントについて相談できる先を部署内にしっかり周知しておくこと（自分に相談に来てもよいが、相談しにくい場合には窓口が存するのでそこに行けばよいことを周知しておくこと）が肝要です。

2　メンタルヘルスの不調者と思しき部下がでた場合の対応

　1のような配慮をしていても、残念ながら、メンタルヘルスの不調者は一定の割合で生じます。その場合でも、初動において適切な対応をとれば、過度に悪化することを防ぐことは可能です。そこで、メンタルヘルスの不調者のサインをいかに見逃さないか、が重要となります。

　これは、第4章Q1にて述べるような具体例に留意しつつ、部下従業員に目を配るほかにありません。むろん、たとえば「もう駄目だ」などという言葉は、一般に愚痴としてよく言う言葉ではありますが、その従業員の表情等、他の事実も鑑みつつ、「まぁ大丈夫だろう」といった先入観をもつことなく、目を配っていくことが肝心です。

☞ 弁護士からのアドバイス

　メンタルヘルスの不調は、いわゆる心の病ですので、それが当該不調者の素因によるものである場合はともかく、そうでない場合は、精神的負荷のかからない職場環境をつくっていくだけでもそれなりの効果があります。管理職と部下である従業員とのコミュニケーション（業務上の報告・連絡・相談といった最低限のものに限らず）、良好な人間関係を形成していくことが、メンタルヘルス予防としても重要な役割になると思われます。

《答えます①》　メンタルヘルス担当者の適性とは？

　メンタルヘルスに関する問題については、会社の担当者の準備、対応によって、問題の多寡、大小が左右される会社が、意外と多いという印象があります。担当者がどのような点に気をつけるべきかについては、第3章Q5などにも触れていますが、ここでは、そういった具体的な対応点というよりも、一般に担当者に求められる適性という部分に少し触れてみたいと思います。

　メンタルヘルスの問題がここまで社会的に広まってくると、うつ病などのメンタル不調の社員に担当者が拙い措置を行うことで、病状を悪化させてしまったり（実際、そのようなケースもあります）、後に「人権侵害」と言われることを怖れ、ともかく事なかれ主義で対処しようとしてしまう例をたまにみかけますが、これはかえって状況を複雑にします。メンタルヘルス問題の対応において必要なものを筆者の実感でひとことでいえば、こまめに遺漏なく対処することです。罹患者の状況の確認（診断書の提出の有無、診断書の内容の確認も含めて）、なすべき通知、連絡の実行（診断書提出要請、休職命令発令、休職期間通知等）等々、担当者において行わねばならない作業は多いものの、そのようなこまめな対

49

処をすることが、第三者（裁判所等）から、「会社組織として、よく、罹患者に配慮している」との評価を受けることにつながっていきます。単に、心根が優しく、思いやりがあるといった担当者の主観的・内面的要素と、会社組織としての配慮（思いやり）とは、必ずしも連動しないところがあります。

第 4 章

メンタルヘルス不調者の
早期発見と発見時の対応

Q1　メンタルヘルス不調者にみられるサイン

設例　このたび、いく人かの部下をもつ管理職に昇進するのですが、昨今の新聞などをみると、メンタルヘルスについての記事をよく目にします。しかし、メンタルヘルスの不調とは、体の病気と違い、なかなかわかりにくいとも聞きます。どのような現象があれば、部下について、メンタルヘルスの不調者として注意を払えばよいのでしょうか。

　また、メンタルヘルスの不調は、人によって表面にでたりでなかったりすると聞きます。どのような人が表面にでにくい人として、気にかけておくのが適切でしょうか。

---

(1)　メンタルヘルスの不調の現れ方は千差万別であるが、一般的なサインは覚えておくと便利である。

(2)　大事なのは、メンタルヘルスの不調が心配される部下である従業員について、それまでと変わった点がないか留意することである。

(3)　メンタルヘルスの不調が表にでにくい者もいるので、そのようなタイプと思われる部下である従業員については、こちらよりいくつかの質問をするのがベターである。

1　メンタルヘルスの現れ方

　一口にメンタルヘルスの不調（心の病）といっても、その種類には非常に多くのものがあることは、第1章Q2で述べたとおりです。そのうえ、人に

よっても、そのメンタルヘルスの不調が表面にでる程度・態様はまちまちです。そこで、本解説では、一般的によくいわれているところをみてみましょう。

2　メンタルヘルスの不調のサイン

　一般的によくいわれるところで、特に目につきやすいもの、他の人から見て気づきやすいものを筆者なりに選択して列挙してみれば、大要、以下のとおりです。

① 身体面のもの
・顔色が悪くなった。
・急にやせた（太った）。
・汗をかきやすくなった。

② 言動面のもの
・無口になる。
・自己否定をし出す。「この仕事は自分には向いていない」、「もうだめだ」などといったセリフを言う。
・服装に変化が起きた〜急に無頓着になったり、清潔感がなくなったりする。
・無反応になる〜表情、喜怒哀楽に変化がなくなる。

③ 勤務態度のもの
・遅刻や欠勤〜月曜日や連休などの休み明けに体調不良を理由とする。
・能率の低下〜集中力や判断力が低下するなど。通常なら 1 時間で終わる作業が 2 時間かかるようになるなど。
・ケアレスミスが起こる〜これまでに比して転記ミスが増えるなど。
・「辞めたい」などと言い出す。

　むろん、この他にも多数のサインがあるだけでなく、また、以上の一部のサインがでてきたからといって、必ずしもメンタルヘルスの不調を意味する場合ばかりではありません（内臓の病気で顔色が悪くなる人もいますし、私生活上心配事があって無口になる人もあるでしょう）。しかし、大切なことは、心

配な部下である従業員につき、普段もしくはそれまでの様子・状態と比べて変わったところはないか、注意を払うことだと一般にはいわれています。

3　メンタルヘルスの不調が表面にでにくい人

　設例にもあるように、2であげたサインにしても、容易にでてくる人とそうでない人との違いが大きいのも、メンタルヘルス不調の予防を難しくする一つの要素です。一般には、人とのコミュニケーションが少ない人や弱みを見せずに頑張ってしまう人、責任感の強い人などは、メンタルヘルスの不調が表面にでにくいといわれています。しかし、そのような人でも、メンタルヘルスの不調が進行している状況では、眠れなかったり、食欲が不振であったりなどが生じることがあります。ですから、管理職としては、上記のようなタイプ（人とのコミュニケーションが少ない人や弱みを見せずに頑張ってしまう人）と思われる部下については、自分の側より、睡眠不足や食欲不振はないかといった問いかけをしていければ、さらによいでしょう。

☞ 弁護士からのアドバイス

　部下を預かる管理職としては、部下のメンタルヘルスの不調の有無については重々留意することが必要ですが、あまりに自分を追い詰めると、管理職自身がうつ病などになってしまう例もみられます。あまり自分一人で抱え込まず、それこそ、社内の管理部門等とコミュニケーションをとって対処していくことを心掛けることが第一歩かもしれません。

Q2　メンタルヘルスが不調と思われる社員がいる場合の一次的な対応

設例　　最近、当社の従業員の一人に、ほぼ休み明け（主に月曜日）ごとに遅刻をしたり、加えて、以前にはしなかったケアレスミス（報告書の誤記、転記ミス）を頻繁にするようになった者がいます。そのため、その従業員の属する部署の業務に支障が生じてきています。会社としては、この従業員はメンタルヘルスの不調なのではないかと思うのですが、この場合、どのように対応したらよいのでしょうか。

(1)　勤務状況によりメンタルヘルスの不調が疑われる者が生じた場合、まずはその不調をより深刻化させないことが必要である。そのためには安易に励ますなどの言動は禁物である。

(2)　設例のような勤務状況がメンタルヘルスの不調によるものか、そうでないのかによって、会社がその者に対してとるべき方策は根本的に変わってくる（解説3参照）。そのため、会社の方針決定の際には、できるだけ早めに専門医の受診をすすめることが肝要である。

1　メンタルヘルスの不調かと思った際の初動対応全般

　本章Q1で述べたように、設例のような状態は、メンタルヘルスの不調者によくみられる典型的なサインといえます。そのため、設例に出てくる従業員（以下、「当該従業員」といいます）については、メンタルヘルスの不調者である可能性（よりいえば蓋然性）を考えて行動しなければなりません。そこで、その対応ですが、基本方針としては、大きく以下の二つの視点に分け

て考えるのがよいでしょう。

① メンタルヘルスの不調かもしれない当該従業員の不調をこれ以上悪化させないようにすること

② 本格的・根本的な対策のために当該従業員が本当にメンタルヘルスの不調であるのか、そうだとしてその程度はどのようなものかを明らかにするように努めること

以下は、この二つの視点に立ちつつ、考えてみることにしましょう。

2　メンタルヘルスの不調と思われる者をより悪化させないためには、安易な励ましや相手の不安なところ、心配なところを否定するアドバイスは避ける

メンタルヘルスは、その原因、経過といったメカニズムはまだまだ解明されていないところがありますが、いわゆる心の病であるだけに、その発症のみならず悪化も極めてデリケートなところがあり、周囲のちょっとした言動によって、症状を悪化させてしまうことがあります。現に、メンタルヘルスの不調（特にうつ病）が高じて、自殺に及んでしまうこともみられます。

この点で一般的によくいわれるのが、メンタルヘルスが不調と思われる者を励ましたり、あるいは、メンタルヘルスの不調者の不安な点・心配な点を否定する（「そんなの大したことじゃない。気にするな」等）ようなアドバイスをしたりするのは禁物というものです。これは、精神科医の言葉を借りれば、メンタルヘルスの不調者はただでさえ心身の調子を崩してしまっているところに「頑張れ」などと言われては、余計に空回りするだけで実力を発揮できず、かえって落ち込んでしまい、さらに不調の度合いを濃くするという悪循環に陥ってしまう危険が大きいのです。

それでは、逆に、どのようなことを言ってあげるのがよいかということとなりますと、一般的には、①当該従業員の努力をねぎらう、②当該従業員が会社にとって必要な人材・戦力であることを伝える、③復調したら仕事に邁進してほしいので、今はゆっくりと休養をとってほしい、といったことを伝えるのがよいとされているようです。

3　メンタルヘルスの不調の有無、程度を明らかにする必要性を しっかり認識することが大切

　2で述べたところを注意しつつ日々を過ごしても、それだけで当該従業員の状況が改善される場合は、現実にはあまりありません（もちろん、自然治癒力が働き、おのずと改善される場合もないではありませんが）。したがって、当該従業員の上司としては、当該従業員が本当にメンタルヘルスの不調なのか、また、それがどの程度のものなのか、即ち、通常の就業が可能なのか不可能なのかを早期に判断する必要があります。それは以下のように、設例のような勤務状況がメンタルヘルスの不調によるものなのか否かによることで、会社の対応が全く変わってくるからです。なお、いずれの場合も、メンタルヘルスが業務に起因するものではなく、私傷病に該当する場合であることを前提にします（業務に起因する場合と私傷病に該当する場合との差異については、第8章Q1を参照してください）。

①　当該従業員がメンタルヘルスの不調（あるいはその他の疾病）によるものではなく、設例のような状態を継続した場合には、当該従業員は従業員として適性を欠く者といわねばならず、就業態度、心構えを改めるように指導をしなければなりませんし、何回か指導（さらには口頭・書面での注意、軽度の懲戒処分等）を繰り返したにもかかわらず当該従業員に改善がみられなかった場合、相応の人事措置、最悪の場合は解雇等を考えなければなりません。

②　当該従業員がメンタルヘルスの不調者であった場合には、疾病により十全な労務の提供をなし得ない状態が続いていることになりますから、休養・配転といった措置で本人の負荷を軽減することを考える必要がありますし、通常の就業が不可能な場合には、就業規則の内容によっては休職を指示することも検討せねばなりません。

　そこで、会社として、当該従業員がメンタルヘルスの不調者であるか否か、ひいては就業可能であるか否かを調べる方法ですが、これは、専門医による診断によるほかはありません。この点は、メンタルヘルスの不調といっ

た心の病であろうと、内臓の不調、外傷といった体の病であろうと、変わる
ところはないのですが、メンタルヘルスの不調の場合は、体の病の場合と
違って、この診断書を得るまでの過程に、実務上問題が生じることが多いと
ころです。この点につきましては、本章Q6等を参照してください。

☞ **弁護士からのアドバイス**

　メンタルヘルスの不調は、体の病気と違って、日常の業務の中で、悪化して
しまうことも少なくないデリケートな疾病です。そのため、当該従業員のよう
な者が現れた場合、会社、特に直属の上司には慎重な対応が求められることは
すでに社会的にも周知されてきたところですが、こうした社会的常識の中、今
度はその上司までがメンタルヘルスの不調を訴えてしまうケースがたまにあり
ます。こうした2次被害の発生を避けるためにも、転ばぬ先の杖ではありませ
んが、会社全体における先行的な対策、即ち、管理職に対するメンタルヘルス
研修の実施、上司が人事部に対して気軽に相談できるような体制・風土の構築
も必要でしょう。

Q3　パワハラを受けていると誤解して出社を拒否する社員に対する解雇の際の留意点

設例　弊社の社員の中に、周囲の上司・同僚から陰口をたたかれたり、作業を妨害されたりしているといったパワハラ被害を主張して、欠勤し続けている社員がおります。会社でも本人のパワハラ調査の要請を受け、事実調査をしましたが、本人の言うようなパワハラの事実は全く認められませんでしたが、本人にそれを説明しても納得しませんし、欠勤を続けています。会社からみると、被害妄想にとりつかれている印象です。

　会社としては説得しましたし、あとは不就労を理由とする解雇をするしかないと思うのですが、気を付けることはないでしょうか。

　一見不合理な理由を述べて欠勤を続けている社員に対しても、それがメンタルヘルスの不調によるものであることを予想しつつ、専門医の指示等を得ることを検討すべきである。

1　不就労と解雇

　使用者の指揮命令の下に就労することは、労働者の基本的な義務であり（労契法2条1項）、労働者がこの義務を果たさない場合には（無論、程度と改善の見込みにもよりますが）、原則として解雇事由となります（東京地判平成12・7・28労判797号65頁・東京海上火災保険（普通解雇）事件等々）。ただし、解雇となると、当該労働者側に、不就労であることの理由が何であるか（そこにくむべき理由があるか）を検討する必要が出てきます。設例の場合、当人

は、いわば被害妄想的に存在しないパワハラ等の存在を理由に不就労となっているわけで、一次的には、不就労には何も合理的な理由がないようにもみえますが、昨今のメンタルヘルス問題の広がりからして、当人の主張が、メンタルヘルスの不調によるものとの可能性も考える必要があるか、問題となります。

2　裁判例

　1で述べた問題は、使用者の側で、労働者の健康状態の不調につき、労働者の申告や客観的な証跡を待たずにどこまで先行的に、可能性までも含めて勘案しなければならないのか、という問題となります。

　この点で参考になる裁判例としては、日本ヒューレット・パッカード事件（最判平成24・4・27労判1055号5頁）があります。精神的不調のある労働者が、職場環境について自ら問題が解決されたと判断されない限り出勤しないとして、約40日間にわたり欠勤を続けた結果、諭旨退職処分となった事案につき、「このような精神的な不調のために欠勤を続けていると認められる労働者に対しては、精神的な不調が解決されない限り出勤しないことが予想されるところであるから、使用者である上告人としては、その欠勤の原因や経緯が上記のとおりである以上、精神科医による健康診断を実施するなどした上で（記録によれば、上告人の就業規則には、必要と認めるときに従業員に対し臨時に健康診断を行うことができる旨の定めがある）、その健康診断の結果に応じて、必要な場合は治療を勧めた上で休職等の処分を検討し……、そのような対応をとることなく、……直ちにその欠勤を正当な理由なく無断でされたものとして諭旨退職の懲戒処分の措置を執ることは、精神的な不調を抱える労働者に対する使用者の対応としては適切なものとはいい難い」と判示し、当該諭旨退職処分を無効としています。つまりは、メンタル不調者はその不調が解決されない限り不就労となることは予想（想定）されるとしたうえで、当該メンタル不調者に対して、会社としてはその病状を確かめる措置（健康診断の指示等）をとることが先であって、いきなり解雇といった措置をとるのは妥当ではない、と判示したものです。

3　設例へのあてはめ

　以上を前提に本設例を考えますと、当人の認識、主張が客観的には失当なものであったとしても、会社としてはメンタルヘルスの不調によるものであることを予想すべきということとなり、当人に対し、メンタルの病状を確かめる措置（専門医による健康診断の指示）をとるべきこととなります。

　なお、日本ヒューレット・パッカード事件は、会社の就業規則の中に、健康診断を指示できる規定があった事案ですが、仮にそのような規定がなくとも、京セラ事件（最判昭和63・9・8労判530号13頁）は、会社の就業規則に健康診断を指示できる規定がない場合であっても、合理的かつ相当な措置である場合は、専門医の健康診断を指示することができるという原審の判断を肯定していますので（もとより事案にもよりますが）、本設例のように、およそ客観的には存在しない事象を理由に欠勤を続けている労働者に対する解雇の前に行う措置としては、専門医の健康診断を指示することが可能と思われます。

　もし、それでも当人が、専門医の健康診断の指示をも拒否して欠勤を続けるような場合には、欠勤につき正当な理由なし（使用者として考慮できるところなし）として、解雇処分に及ぶしかないでしょう。

☞ **弁護士からのアドバイス**

　メンタル不調者に対する使用者からの健康診断指示については、医療機関の指定も、合理的な範囲で認められます（本章Q6等参照）。ただし、その旨も就業規則に規定しておいたほうが、紛争になった際、より使用者側の裁量が認められやすくはなるでしょう。

Q4　メンタルヘルスの不調の原因が業務上の理由であるか否かの判断

設例　当社の従業員の一人がメンタルヘルスの不調者（うつ病）となりました。その従業員の勤務ぶりを調べてみますと、不調が発現した直近の時期の残業時間が相当多いことがわかりました。そこで、会社としては、メンタルヘルスの不調が業務に起因するものとして労災認定されるのではないか、さらには、会社に何らかの責任が生じないかと考えています。

業務上どのような事情があれば、業務に起因するものと認められるのでしょうか。

(1)　メンタルヘルスの不調が、業務に起因するものであるか否かによって、労災認定の有無、会社の責任（損害賠償責任等）の有無はもちろん、人事措置（解雇、私傷病休職等）の内容も変わってくる。そのため、業務起因性の判断は極めて重要な意味をもつ。

(2)　業務起因性の判断は、結論としては事案内容を総合的に考慮して決まるが、長時間労働による過重労働が原因であるか否かの判断の目安としては、現段階においては、一般的な基準として、厚生労働省による「心理的負荷による精神障害の認定基準について」（2011〔平成23〕年12月策定。2020〔令和2〕年5月・8月改正）が一応の目安になると思われる。なお、この認定基準の概要を説明し、精神障害の労災認定の考え方をわかりやすくまとめたパンフレット「精神障害の労災認定」が厚生労働省のホームページに掲載されているので、参照されたい。

1　疾病と業務起因性

　メンタルヘルスのような心の病や内臓疾患・外傷等の体の病とを問わず、労働者が疾病に至った場合、その多くは当該労働者の私的事情を原因とするもの（私傷病）ですが、なかには、当該労働者の従事していた業務が原因であると判断される場合があります。その場合、労働基準監督署によって労災認定を受けたり、更には、使用者（会社）が果たすべき安全配慮義務に違反したとして、当該労働者側に対し、損害賠償義務を負う場合がみられます。また、第8章Q1で述べるように、当該労働者に対する施策（解雇、私傷病休職等の人事措置の内容）も根本的に変わってきます。

　そこで、労働者の疾病につき、業務が原因であったか否か（業務起因性が認められるか否か）は、極めて重大な意味を有することとなります。

2　メンタルヘルスの不調における業務起因性の判断基準・要素

　近年、メンタルヘルスの不調者は増加し続けており（第1章Q1）、こうした事態を受けて、厚生労働省は、「労働者の心の健康の保持増進のための指針」（メンタルヘルス指針、2006〔平成18〕年3月策定、2015〔平成27〕年11月30日改正）を策定し、使用者のメンタルヘルス対策が有効に実施されるための方策を示しています。更には、精神障害等に係る労災認定について、1999（平成11）年に「心理的負荷による精神障害の業務上外に係る判断指針」を策定して業務上外の判断がなされていましたが、その後、2011（平成23）年に新たに「心理的負荷による精神障害の認定基準について」が策定され（平成23年12月26日付け基発1226第1号）、現在に至っています（2020〔令和2〕年5月・8月改正）。

　裁判例をみるとまず多いのが、設例同様、長時間労働等の過重労働によるうつ病罹患の例です。うつ病に罹患のうえ自殺といった経緯を経た労働者について、使用者（会社）の労働者側（自殺した遺族）に対する損害賠償義務を認めたものとして、電通事件（最判平成12・3・24労判779号13頁）がリーディングケースとしてあげられます。そのほかに、比較的最近の高等裁判所

判決に限っても、損害賠償義務を肯定したものとしてアテストほか事件（東京高判平成21・7・28労判990号50頁）、山田製作所事件（福岡高判平成19・10・25労判955号59頁）、メディスコーポレーション事件（東京高判平成23・10・18労判1037号82頁）等があり、いずれも、相当期間の長時間労働によるうつ病の罹患につき、業務起因性とともに、使用者側に業務軽減を怠ったことにつき安全配慮義務違反を認めています。

　ただし、裁判例の中には、うつ病に罹患した労働者に長時間労働が必ずしも認められない場合でも、業務起因性を肯定したものがあります。たとえば、新規でスピードを要する事業に関与するプロジェクトリーダーが発症したうつ病について業務起因性を肯定した東芝（うつ病・解雇）事件（最判平成26・3・24労判1094号22頁）、新入社員がインド出張中にあったトラブルによる罹患の事案である加古川労基署長事件（神戸地判平成8・4・26労判695号31頁）、天災にうまく対応できず思い悩んで罹患した営業所長の事例である、みくまの農協事件（和歌山地判平成14・2・19労判826号67頁。ただし、本人の性格・心因的要素等を勘案して損害額の7割は労働者側の帰責によるものとしています）、課長昇進に自信がない等のことを思い悩んでいた事案である三洋電機サービス事件（東京高判平成14・7・23労判852号73頁。ただし、上述のみくまの農協事件同様の考えより、損害額の8割は労働者側の帰責としています）といったものです。

　以上より、長時間労働による過重労働が認められる場合、メンタルヘルスの不調には業務起因性が肯定されやすいのですが、長時間労働がなくとも肯定される場合があり、結論として、業務起因性の判断は、個々の事案内容の総合的な考慮によるものとしか説明できないところがあり、予測可能性は必ずしも高くはないのが実情です。

3　業務起因性の判断における長時間労働時間数の目安

　前述のように、メンタルヘルスの不調に関する業務起因性の判断は予測可能性が低いとしても、事案として比較的多くみられ計数的に測ることがある程度可能である長時間労働の事案についてだけでも、わかりやすく業務起因

性が予測できないか、との声をよく聞きます。そこで、現段階におけるひととおりの目安を示すと、以下のとおりです。

　業務起因性の肯定例としては、うつ病発症前の6カ月間に月100時間を超える時間外労働があった事案について、時間外労働それ自体をもって労働者の健康への危険を認め業務起因性を肯定した裁判例として富士通四国システムズ事件（大阪地判平成20・5・26労判973号76頁）、また、ある年の3月から7月の5カ月間は月80時間を上回り、そのうち3月は100時間を超えており、6月も100時間に極めて近いといえるような状況で、業務起因性を肯定した裁判例としては天満労基署長（CSKうつ病自殺）事件（大阪高判平成25・3・14労判1075号48頁）があります。

　一方、否定例としては、同じく発症前6カ月間に月60～84時間に及ぶ時間外労働があった事案においては時間外労働だけでは業務起因性を認めないと解される裁判例として、デンソーほか事件（名古屋地判平成20・10・30労判978号16頁）があります。これらからみると、月80～100時間から月60～84時間の中間が、一応の目安になると思われます。

　また、この目安は、それ自体はメンタルヘルスを想定して策定された通達ではありませんが、いわゆる過労死の労災認定基準について厚生労働省が定めていた「脳血管疾患及び虚血性心疾患等（負傷に起因するものを除く。）の認定基準」（平成13年12月12日付け基発1063号・平成22年改正・令和2年改正）にも概ね沿う基準とはいえます。むろん、罹患者の時間外労働がこの目安に達しない事案でも、他の要素も重なり過重労働として認定される事案としては、前述した東芝（うつ病・解雇）事件、加古川労基署長事件、みくまの農協事件、三洋電機サービス事件等のほかにも、豊田労基署事件（名古屋高判平成15・7・8労判856号14頁）があり、上記の目安をもって即断することは禁物ではあります。

　なお、上記の平成13年通達による認定基準が20年ぶりに大きく改正され、新しく「血管病変等を著しく増悪させる業務による脳血管疾患及び虚血性心疾患等の認定基準」（令和3年9月14日付け基発0914第1号）となりました（平成13年通達は廃止）。新たな認定基準では、時間外労働の労働時間数等の目安

は変わりませんが、労働時間以外の一定の負荷要因（勤務時間の不規則性、事業外における移動を伴う業務等）がある場合には、業務と発症との関連性が強いと評価され、労災認定がされやすくなります。

> ☞ **弁護士からのアドバイス**
>
> 　メンタルヘルスの不調はいうまでもなく精神面への負荷が原因であり、長時間労働による長時間の労働者に対する緊張の持続は、そのメンタルヘルスの不調の原因になり得ると同時に、メンタルヘルスの不調に陥れば、能率も低下するので（本章Ｑ１参照）、同じ量・質の業務を遂行するにも、より時間がかかるようになります。その意味で、長時間労働は、メンタルヘルスの不調の原因でもあり、サインでもあり、メンタルヘルスとの関係が実に強いものがあります。効率的な労働（長時間労働の回避）は、メンタルヘルス対策としても実に重要なものといえます。

Q5　突然、メンタルヘルスの不調を訴える者がでた場合の対応

設例　当社の従業員の一人が、突然、何の前触れもなく自ら、メンタルヘルスが不調であり、就業不能である旨を証明する診断書（精神科医によるもの）を提出してきました。その従業員は、診断書を提出する前日までは、少なくとも周囲の目では、普通に就業しており、メンタルヘルスの不調を思わせるような言動はみられませんでした。会社としてはどのような対応を行うべきでしょうか。

　また、上述のような申出が、当該従業員本人からではなく、その家族からなされた場合、会社のとるべき対応に違いがあるでしょうか。

(1)　正社員である従業員がメンタルヘルスの不調により就業不能となった場合は、基本的に休職させることを考えることとなる。

(2)　就業不能の判断は、原則としては専門医の診断（診断書）によるが、会社としては、従業員の主治医からの意見聴取、他の専門医による受診といった措置をとるのが妥当なこともある。

1　労働者の私傷病と就業規則上の休職制度

　メンタルヘルスの不調といっても、従業員の私傷病である限り、それを原因として就業が不能ということとなれば、労働者側の事情による労務提供の履行不能となり、会社（使用者）との関係では、労働者による労働契約上の

債務不履行となります。ですから、契約の基本原理によれば、会社として
は、債務不履行による労働契約の解除（解雇）が可能ということとなりま
す。

　しかし、特に、私傷病となった従業員が期限の定めのない、フルタイム
（週40時間がそれに近い時間）勤務するような社員、いわゆる正社員である場
合は、会社の正社員用の就業規則の適用を受けることとなります。この正社
員用の就業規則においては、ほどんどの会社の場合、従業員の私傷病による
就業不能の場合を想定、包含する休職制度（傷病休職）が規定されており、
そうした場合は、休職制度の適用を考えることとなります。

　なお、休職を経ずにいきなり解雇してよいか否かについては、形式的には
就業規則上の文言・趣旨によるところにもよりますが（たとえば、就業規則
上の文言が、○○○の場合は「休職を命じる」となっているか、「休職を命じるこ
とがある」となっているか、さらには、「従業員は……休職することができる」と
なっているか等々）、傷病休職制度の目的は、上述した契約の基本原理による
解雇を猶予するところにあると解されていますので（菅野和夫『労働法〔第
12版〕』742頁）、少なくとも正社員については、原則としては就業規則上にあ
る傷病休職の適用をとばして解雇を行うことはできないと解するべきでしょ
う。なお、試用期間者といった従業員にまで傷病休職を適用すべきか否か、
といった問題が実務上よくありますが、これについては第9章2を参照して
ください。

　ですから、設例の場合も、まずは就業規則に傷病休職に関する規程がある
か否かを検討し、規程がある場合は、設例の従業員（以下、「当該従業員」と
いいます）を休職させることを基本線として考えることとなります。

2　就業不能か否かの判断

　休職させることを考えるとしても、設例の場合のように、はたして本当に
就業不能なのだろうか、疑念をもたざるを得ない場合もあり得ます。その場
合は、まずは必要に応じて就労を免除しつつ、就業不能か否かを見極めてい
くこととなりますが、まずは、診断書を作成した当該従業員の主治医に意見

聴取を行うのが適切です。実務的には、主治医は、当該従業員から聞いた話だけを前提に判断をして当該従業員の業務内容や勤怠の実態を十分に理解していないといった場合がありますので、その点の説明を行ったうえで、主治医より事情聴取を行うことも有益です。

　なお、この主治医への意見聴取は当該従業員の同意が必要です。そこで、当該従業員がその同意を拒む場合には、会社としては、慎重に説得を続けることが穏当ですが、それでも同意を拒み続けるときは、当該従業員の持ってきた診断書は、就業不能か否かの判断に用いることができない（よって、当該診断書によっては就業不能とは判断できず、私傷病休職も適用できない）、といった対応も考えなくてはなりません。また、主治医への意見聴取の可否にかかわらず、より慎重・正確な判断を行うために、他の専門医への受診を求めることも有益です（従業員が、会社指定の専門医への受診命令を拒むことの問題点については、本章Q 6参照）。

3　本人ではなく家族による申出の場合

　設例後半のように、就業不能の申出が当該従業員からではなくその家族からの場合、留意しなければならないのは、メンタルヘルスは当人のプライバシーに大きくかかわるということです。したがって、家族といえども、安易に本人の代わりのごとく対応することは避けるべきであり、極力、本人との直接の面談による対応、せめて、本人と家族の同席による対応を行うべきでしょう。

☞ **弁護士からのアドバイス**

　メンタルヘルスの不調による休職者の増加が止まらないのが現状ですが、そうしたいわゆる心の病気は、内臓、外傷のような体の病気とはいろいろな点で異なります（判断の不明瞭さ、再発の可能性の大小等々）。就業不能となれば休職をもって対応することはよいとしても、それに至る判断には細心の注意が必要です。

Q6　メンタルヘルスと従業員の受診義務と受診先の医師指定の可否

設例　当社の中に、その言動からしてメンタルヘルスの不調が疑われる従業員がおります。そこで、会社より、専門医の受診をすすめているのですが、「大丈夫です」あるいは、ひどい場合には、「私をおかしいとでも言うんですか」などと言って、なかなか受診に応じてくれません。

　　会社としては、上記受診を業務命令として行うことは可能でしょうか。

　　また、それでも従ってくれない場合、どうすればよいでしょうか。

　　さらに、受診をすすめる（命じる）際、医師を会社で指定することはできないでしょうか。

(1)　疾病が疑われる従業員に対し、受診をすすめ、あるいは命じるのは、使用者としての労働契約上の安全配慮義務の一環である以上、最終的には業務命令をもって受診を命じざるを得ない。ただし、精神科医等の専門医への受診の場合は、その従業員のプライバシーにも極力配慮してことを進めるのが望ましい。

(2)　受診先の医師の指定も、その指定に合理性があれば認められる。

(3)　受診命令にしても、受診先の医師の指定にしても、就業規則中の根拠があると相当に使用者の裁量が広がると考えられる。

1　使用者が有する安全配慮義務と労働者のプライバシー

　労働契約関係の一方の契約当事者である使用者（会社）は、もう一方の契約当事者である労働者に対して、労働契約上の安全配慮義務（労働者がその生命、身体等の安全を確保しつつ労働することのできるよう、必要な配慮をする義務）を負っています（労契法5条）。そのため、設例のように、メンタルヘルスの不調なり何らかの疾患が疑われる者に対しては、その状況に適した分野の専門医、たとえば設例のようなメンタルヘルスの不調が疑われるような状況では精神科医等の専門医の受診をすすめることは、安全配慮義務の一環として会社の行うべき義務と考えられます。

　ただし、メンタルヘルスの不調は、通常の病気と異なる側面があることは否定できません。というのは、精神的疾患については社会も個人も未だに否定的印象をもたれていることが少なくなく、それを明らかにすることは不名誉であるととらえられていることが多いなどの点で、専門医の受診を命じることはプライバシー侵害のおそれが大きいという側面もあります（名古屋地判平成18・1・18労判918号65頁・富士電機E&C事件）。

　以上に鑑み、大要、以下のとおりに対応するのが妥当と考えられます。まず、メンタルヘルスの不調でも疾病であることには変わりはなく、かつ、従業員の安全・身体・生命のためにも、会社の安全配慮義務は極めて重要な義務であることも考えれば、設例のような場合でも、会社としては従業員に専門医への受診を命じることは可能と考えるべきです。ただし、命令である以上は、その目的の正当性、手段としての相当性といった合理性が必要であることはいうまでもなく、これに、上述したプライバシーの問題も考えれば、極力、従業員のプライバシーに配慮することが肝要です。たとえば、できるだけ「命令」ではなく「要請」といった形で行い（【文例1】およびその注を参照）、それでも従業員が応じず、かつ、その従業員の状況（病状）に好転がみられないといった段階に至って、「命令」を出す、という配慮も必要でしょう。

2　受診先の医師を指定することの可否

　1で述べたとおり、会社が従業員に対し、精神科医等の専門医への受診をすすめる（あるいは命令する）にしても、現実問題として、医師にも社会的評価の差があり、会社としては、より信頼できる医師に受診させたいという思いをもつのが当然です。そこで、会社としては、設例のように、会社の側で受診先の医師を指定したいところですが、従業員の側でも、医師選択の自由を有していること（安衛法66条5項ただし書）との均衡が問題となり得ます。この点は、結論からいえば、会社側で合理性のある選択（医師の指定）を行っているのであれば、会社による指定は可能と考えられます。裁判例でも、たとえば、電電公社帯広局事件（最判昭和61・3・13労判470号6頁）などでは、使用者側にて医療機関や担当医の指定を行っても、病気治癒という目的に照らして合理的、相当の内容であれば、労働者側の医師選択の自由を害することはないと判示されています。

3　就業規則の規定の有無との関係

　会社による受診命令（および受診先の医師指定）について、その会社の就業規則上、規定の有無によって結論が異なるか否かは、判断に迷うところがありますが、京セラ事件（東京高判昭和61・11・13労判487号66頁）は、就業規則上の根拠がなくても、当該事件における事情の下においては、労使間における信義則ないし公平の観念に照らし合理的かつ相当な理由のある措置であるとして、受診命令を認めています。しかし、これは、事実関係によって判断が分かれる度合いが大きいとも考えられ、就業規則に従業員に対する受診命令や医師指定の根拠が明記されている場合は、そうでない場合に比べて、上記命令や指定が認められやすくなるとは思われます。

☞ **弁護士からのアドバイス**

　現実問題として、嫌がる従業員に対し精神科医への受診を命じるのは、会社として負担に感じることもあるでしょう。しかし、もしこれに緩慢な対応をとった末、それこそ従業員が病状を悪化させ自殺にでも及んだ場合、その従業員に対する義務を履践できないばかりではなく、会社として、別のより大きい負担を抱え込むことにもなりかねないことに留意してください。また、3で述べたように、就業規則の整備も行うのが妥当でしょう。

【文例1】 会社指定医師の受診要請書

令和○年○月○日

要　請　文

○　○　○　○　殿

　　　　　　　　　　　　　　　○○○○株式会社

　　　　　　　　　　　　　　　人事部長　　○　○　○　○

　最近、貴殿の就業状況等を見ますに、当社としましては、若干、メンタルな部分でのご不調を懸念せざるを得ないところがあります。むろん、これが単なる懸念で済めばそれに越したところはありませんが、使用者として従業員の生命・身体等の安全に配慮する義務（安全配慮義務）を負っている当社としては、従業員が心身とも健康に就業するための配慮を尽くさなくてはなりません。そして、上記の安全配慮義務を果たすためには従業員の健康状態につき正確なところを知る必要があり、そのためには、従業員の理解と協力が必要な場合があります。

　以上の次第で、貴殿におかれましては、当社が指定する別紙記載の医師（精神科医）の診断を受けていただき、その結果を会社にご報告していただくよう、要請するものです。

以　上

（注）　本要請書は、メンタルヘルスの不調の疑いがある従業員に精神科医への受

診を要請する書面の例です。しかし、精神科医の受診を要請すること自体が、かえってその従業員のメンタル面を悪化させる危険もあり得ますので、実務としては、なるべく上記要請は口頭にて行い、受診への理解を得るほうが望ましいでしょう。その意味で、要請書交付は慎重に行う必要があります。

Q7　会社からの受診命令に従わない者に対する対応

設例　　メンタルヘルスの不調が疑われる従業員に対し、何度、精神科医等の専門医への受診をすすめても、いっこうに応じてくれません。そこで会社としては仕方なく、業務命令という形で受診を指示したのですが、それでも、「私はどこもおかしくない」などといって、受診しようとしません。しかし、その一方で、その従業員は、特に休み明けになる度に遅刻・無断欠勤を繰り返したり、いろいろなミスを繰り返したりなどで、本人の業務のみならず周りの業務にも支障が出始めています。会社としては、どのような対応をとるのがよいでしょうか。

　　たとえば、その従業員が精神疾患者のため就業不能であるといった専門医の診断書がないまま、その従業員に対して、傷病休職を命じることはできるでしょうか。

（1）　受診命令に従わない者は、業務命令違背として懲戒処分を行うこともやむを得ない。ただし、精神科医等の専門医受診命令の特性（当人のプライバシーへの配慮の必要性が高いこと）にも鑑みれば、拙速な重度の処分（解雇等）は危険が大きい。

（2）　受診命令に従わず、専門医の診断が得られない時点においては、その従業員を精神疾患者として扱い傷病休職を命じるのは妥当ではない。

　　その場合は、通常の職務不適格者と同様の扱いをせざるを得ないと

考えられる。

1　業務命令としての受診命令に従わない場合

　本章Q5で述べたように、メンタルヘルスの不調が疑われる従業員に対しては、会社は、その従業員に対するプライバシーに十分配慮することを前提に業務命令として受診命令を発することができます。そのため、その受診命令に従わないとなれば業務命令違背となりますので、会社としては、一次的には懲戒処分をもって臨むということとなります。

　ただし、メンタルヘルスの不調の場合は、その従業員のプライバシーにかかわるところが大ですので、懲戒処分の是非、程度についても、その点の影響を受けます。そのため、一度の命令に従わないことをもって、それこそ、重度の懲戒処分（解雇等）を行うのは妥当ではありません。受診命令違背の回数、その従業員の言動による周囲への悪影響（換言すれば、会社の業務遂行への悪影響）を考えて、処分の有無・程度を判断されることとなるでしょう。したがって、設例のように、すでに周囲に悪影響を与えているような場合には、それも懲戒処分を行うことを是認する大きな要素となるでしょう。

2　メンタルヘルスの不調が疑われるにもかかわらず、あくまで受診をしない従業員に対する休職命令の可否

　1で述べたように、受診命令に従わない者については、懲戒処分を行い得るとしても、早々に解雇にまで至ることは困難でしょうし、かといって、設例のように、すでに会社業務に支障が生じているために、早期にその従業員はなるべく療養に入ってほしいという場合もあり得ます。そうした場合、まずは賃金保障のうえ、その従業員に就業を免じて自宅待機を命じることは可能でしょう。しかし、それも会社にとってはコストの面でいつまでもできることではないので、より根本的な措置として、傷病休職を命じられないか、検討されることがあります。しかし、結論からいえばこれは実務上は危険です。なぜなら、当然ながら、傷病休職はその要件としてその従業員が「傷

病」にあることが必要なのですが、メンタルヘルスの場合、その従業員が「傷病」にあるか否かは、専門医の診断によらないとはっきりしないケースが多いからです（それこそ、後日、司法判断の場において、傷病休職の効力が否定されるリスクが高いといわざるを得ません）。

　以下は私見ですが、受診命令を拒否する従業員については、精神疾患であるとの判断がつかない以上、精神疾患ではない通常の従業員として扱うのが筋と考えます。その場合、設例の従業員のように、勤怠不良など自らは十全に職務を履行しないばかりか、周囲にまで悪影響を与えているのですから、会社の就業規則の中にある服務規律違背、さらには従業員としての適性欠如といった観点より、人事措置を検討することとなります。こうした方法をとる場合は、通常の職務不適格社員に対するのと同様の方法をとることとなりますから、まずは、問題行為（遅刻・早退、周囲への悪影響行為）に対して注意書を出し、それにもかかわらず改善がみられない場合、重度の人事措置（それこそ解雇等も含めて）を検討することとなるでしょう。

　このように、通常の職務不適格社員の扱いをする措置については、病気かもしれない従業員に対して酷に過ぎないかとの疑問を呈されるかもしれません。しかし、病気であるか否かの判断にはその従業員の協力、ひいては業務命令としての受診命令への遵守が不可欠であるにもかかわらず、その従業員がそうした協力、遵守を繰り返し拒んだというような事象がある場合には、その従業員に不利な結果となることもやむを得ないところがあるでしょう。もっとも、この場合でも、適宜、受診命令に従うように勧告し、受診の機会を提供する配慮は必要と思われます。

　なお、以上は、メンタルヘルスの不調が業務に起因するものではなく、私傷病であることを前提としています。業務に起因するものである場合への対応については、第8章Q1にて詳細を述べていますのでここではごく簡単に述べると、従業員の問題行為の要因をなすメンタルヘルスの不調がそもそも会社業務に起因するものである以上、その従業員に対して解雇をもって臨むのは極めて困難でしょう。

☞　**弁護士からのアドバイス**

　メンタルヘルスの不調が疑われる者が受診命令に従わない場合は、受診命令に従わないこと自体を問題にするとともに、その従業員の職務不適格性も問題とするように、異なった視点からの対応が妥当ですが、実務としては、傷病によらない職務不適格者とされてしまうことの不利益をよく説き、受診命令に従うべく説得するという工夫も必要になるかもしれません。

Q8　メンタルヘルスの不調者への退職勧奨の是非

 設例

　　メンタルヘルスの不調により、欠勤や遅刻を繰り返す従業員がおります。上司としても、仕事をさせようにも、そもそも出勤してくれるかどうかがわからない者のため、まともな仕事を任せられない状態です。このような従業員に対して、退職勧奨をしても問題ないでしょうか。

　　また、退職勧奨に応じない場合、解雇してもよいでしょうか。

ここが Point

(1)　退職勧奨自体は法的に問題が生じることは少ないが、その過程で、労働者に対して、退職勧奨に応じなければ解雇するなどと言いつつ辞職を迫った場合には、後に、労働者の辞職の効果が否定される場合がある。

(2)　メンタルヘルスの不調者は、ただでさえ心身の調子を崩している状態なので、その者に対する退職勧奨は、不調者の病状をさらに悪化させる危険をはらんでいる。したがって、特に慎重な配慮が必要である。

1　退職勧奨の法的性格とその効果

　設例のようなメンタルヘルスの不調者に対してだけでなく、勤怠不良など、実績のすぐれない従業員に対して、会社より退職勧奨を行うことは多々あります。退職勧奨の法的な性格は、使用者より労働者に対して、労働者側からの労働契約の解約の意思表示である辞職を行うように誘引することにあ

ります。

　退職勧奨自体は、あくまで辞職の誘引ですから、労働者には誘引に乗るか否か（辞職に応じるか否か）の自由があるので、当該退職勧奨行為が、たとえば2カ月半のうちに12回の呼出しを行うなどといった社会的相当性を逸脱した態様で半強制的に行われるような事案でなければ（例として、最判昭和55・7・10労判345号20頁・下関商業高校事件）、原則、法的に問題のある行為ではないこととなります。

　使用者からの退職勧奨によって労働者が労働契約終了に応じる意思表示をなせば、それが労働者から使用者に到達した時点で労働契約の解約告知としての効果が生じます。

2　退職勧奨によって労働契約終了の合意を得ても、労働契約終了の効力が否定される場合

　上記の労働契約終了の合意の意思表示は、労働者から使用者に到達した時点で解約告知としての効果が生じ、撤回し得ないのですが、意思表示の瑕疵による錯誤（民法95条）や詐欺等（同法96条）の主張はなし得ます（菅野和夫『労働法〔第12版〕』751頁）。

　たとえば、裁判例をみても、使用者が当該労働者につき、客観的には解雇事由または懲戒事由が存在しないのを知りつつ、それがあるかのように労働者に誤信させて合意の意思表示をさせたという場合は、その意思表示に錯誤が成立し、当該辞職の意思表示は無効となります（横浜地川崎支判平成16・5・28労判878号40頁・昭和電線電機事件、東京地判平成23・3・30労判1028号5頁・富士ゼロックス事件）。

　したがって、設例に則していえば、設例の従業員（以下、「当該従業員」といいます）が正社員で、会社の就業規則に傷病休職の規定があるような場合、会社より当該従業員に対して、たとえば「メンタルヘルスの不調によって勤怠が悪化しているので、退職勧奨に応じなければ解雇する」などと明言するなどした結果、当該従業員が労働契約終了に合意する意思表示をするに至ったような事案などは、筋としては、会社としては、まずは当該従業員に

対して休職命令を検討しなければなりません。換言すれば、当該従業員は、休職を経ないで解雇されなければならない理由がない場合も多いでしょうから、当該従業員の退職の意思表示などは、錯誤が認められることも少なくないでしょう。

　また、同じく裁判例で、退職勧奨の過程で労働者を長時間一室におしとどめて懲戒解雇を仄めかして退職を強要したといったような、使用者が労働者に畏怖心を生じさせて辞職の意思表示をさせたような場合は、強迫による意思表示の取消しが認められるのであって（松江地益田支判昭和44・11・18ジュリスト469号272頁・石見交通事件、大阪地判昭和61・10・17労判468号83頁・ニシムラ事件）、仮に当該従業員より労働契約終了についての合意の意思表示を受領しても、その過程で上述のような強要を行っていれば、それは後に取消しにより無効となることとなります。

3　メンタルヘルスの不調者には特に慎重な配慮が必要

　いうまでもなく、退職勧奨はそれを受ける労働者に対して、その実績・適性に消極的評価を行い、その属している会社・職場といった組織より退くことをすすめることですから、一般に、労働者に対して大きな精神的抑圧を伴うところです。そして、メンタルヘルスの不調者は、それでなくとも、心身の調子を崩して歯車がかみ合わなくなっている状態にあります（だからこそ、たとえば、本章Q2のとおり、安易に「がんばれ」などと励ますのはかえって逆効果とされているのです）。ですから、このようなメンタルヘルスの不調者に退職勧奨を行うこと自体、その不調をさらに悪化させてしまう（最悪の場合、自殺などの事態が生じる）おそれが大といわねばなりません。

　そのため、仮に退職勧奨を行うとしても、その方法、態様には細心の注意が必要です（1で述べたような例は論外として、一般に問題ないような方法でも十分に危険です）。方策の一つとしては、専門医（それが産業医であればさらによいでしょう）の意見も聞きつつ、ことを進めるのがよいでしょう。

☞ **弁護士からのアドバイス**

　退職勧奨は、問題社員を抱える職場（ひいては会社）にとって、常に生じる課題ですが、メンタルヘルスの不調者に限らず、「相手を見て法を説く」といった心構えが必要でしょう。

Q9　精神疾患者に対する解雇（休職手続の省略の可否）

設例

　　メンタルヘルスの不調により、長期休暇を繰り返し、稀に出勤することがあっても、勤続年数からはとうてい考えられないようなミスを繰り返したり、更にはちょっとしたことで泣いたり大声を出したり、扱いに大変困っている従業員がおります。本人の仕事ができていないのはもちろん、周囲にも悪影響が大きく、会社業務への支障は深刻です。このような従業員は、即、解雇できないでしょうか。それとも、解雇の前に休職させなければならないでしょうか。

　　また、専門医に相談したところ、とても治る見込みはないといわれている場合でも、やはり休職させなければならないのでしょうか。

ここが
Point

(1)　従業員がメンタルヘルスの不調により労務を提供できない場合、その不調について業務起因性がある場合は解雇はできない。

(2)　従業員のメンタルヘルスの不調について業務起因性がない場合でも、傷病休職させることを基本に考える必要がある。

(3)　就業規則所定の休職期間の満了を待っても回復する見込みがないような場合には、傷病休職を経なくても解雇できる場合があるが、その判断は慎重を期すべきである。

1　従業員の傷病と解雇

　まず、傷病を抱え、従業員としての労務の提供を適切になし得ない者（設例のような周囲への悪影響も含めて）についての対応については、その傷病が業務に起因するものか、そうでないか、が問題となります。傷病が業務に起因する場合は、その従業員の労務提供の不能はもともと会社業務に原因があるわけですから、使用者（会社）はその従業員が療養中は解雇できません（労基法19条1項）。なお、精神疾患を理由に傷病休職させたところ、就業規則所定の休職期間を経過しても治癒が認められなかったので、会社よりその精神疾患となった従業員を解雇した事案で、判決前には労働基準監督署でもその精神疾患の業務起因性が存しないとして労災認定を否定していた状態であったにもかかわらず、裁判所が当該精神疾患の業務起因性を認めて、当該解雇を無効としたような裁判例もあります（最判平成26・3・24労判1094号22頁・東芝〔うつ病・解雇〕事件）。このように、業務起因性の判断は微妙かつ予測が困難なところがあり、会社としても慎重な判断が必要です。

　一方、その傷病が業務に起因せず、その従業員の私傷病であった場合には、会社の就業規則の条項を検討して、休職の適用を検討する必要があるか否かを判断しなくてはなりません。会社に傷病休職についての規定があり、その従業員が傷病休職の適用を受け得る者である場合には、会社は、傷病により労務提供ができていない従業員を解雇する前に、休職の適用を考えることとなります。傷病休職は解雇猶予の制度と解されていますので（菅野和夫『労働法〔第12版〕』742頁。第5章Q1参照）、休職のプロセスを省いて解雇に進むことは法的に無効となるリスクが大きいでしょう。

2　治癒する見込みがない場合と休職

　では、設例後半のように、メンタルヘルスの不調な者が、回復する見込みがないような場合でも、会社としては、解雇猶予の制度としての傷病休職を適用して、就業規則に定められている休職期間、休職を認め、労働契約が休職期間が満了するまで存続するのを待たねばならないのか疑問が出てきま

す。この点につきましては、岡田運送事件（東京地判平成14・4・24労判828号22頁）や農林漁業金融公庫事件（東京地判平成18・2・6労判911号5頁）等の裁判例にもありますように、休職期間を待っても回復の見込みがほぼないような場合は、休職を適用することなく解雇できると考えられます。

　ただし、注意すべきは、その従業員の回復の見込みがないこと、それも会社の就業規則所定の休職期間を待ったとしてもそれがないことを立証できるような場合でなくては、上述のような傷病休職を経ない解雇は極めて困難であるということです。したがって、設例のように専門医の判断を仰ぐことは必須ですが、メンタルヘルスの判断は、医師によってもその内容が異なる場合も珍しくないという現実に鑑みれば、複数の医師による判断をとっておくことが実務上は望ましいと思われます。

☞ 弁護士からのアドバイス

　労働者の疾病、それもメンタルヘルスの疾患について、労働基準監督署の判断では業務起因性が否定されながら、裁判所において業務起因性が肯定されるという事例がよくみられます。メンタルヘルスの疾病は、その原因についても判断が分かれやすいということなのですが、それだけに、会社としては信頼できる専門医をみつけておくことが大変重要です。

《答えます②》　専門医をどのように探したらよいか？

　メンタルヘルス問題については、いかに適切な判断のできる専門医に依頼するかにかかっているところが大きいことは、本書で再々申し上げているところです。しかし、実務に携わっていてよくみられる難問が、会社側に依頼すべき精神科医の心当たりがないということです。

　筆者にしても、何名かの専門医を紹介したことはあるものの、どの医

師もたいへん忙しく（メンタルヘルスの問題が急増した現在、社会的評価を受けている専門医は皆さんたいへん多忙です）、できるだけ会社の側で適切な専門医を探してもらいたいというのが実情です。

　専門的職業の方は同種の職業の方と交流することが多いので、まずは、産業医の先生に紹介をお願いして探すのが最初の一歩でしょう。しかし、産業医の専門がメンタルヘルスにおよそ無関係で、メンタル系の専門医をご存じなく、そのつてもない場合もあるかもしれません。そのような場合、懇意にしている弁護士、社会保険労務士、あるいは税理士なりに依頼して専門医を探すということになります。

　そういった意味で、このようなメンタルヘルスの問題が急増した現在、会社としてはその産業医をメンタルヘルスに関する専門医にお願いするか、日頃から、産業医の先生には、専門医とのつてを探っていただく（つくっていただく）といった準備をしておくと、非常に円滑な対応ができるようになると思われます。

第 5 章

休職とその期間中の対応

Ⅰ　休職までの対応

Q1　休職とはどのような制度か

設例　　従業員が病気の際に適用される休職とはどのような制度なのでしょうか。たとえば、休暇、休業とはどのように違うのでしょうか。

　　　　休職にはどのような種類のものがあるのでしょうか。

(1)　休職は社内規範（多くの場合は就業規則）に根拠を有する。休業は、法令に根拠を有する点で休職と異なる。休暇は、就業規則以外にも根拠を有する場合があること、期間が通常短期を予定していることが休職と異なる。

(2)　休職には、一般には傷病休職、事故欠勤休職、起訴休職、出向休職などの種類があるが、その要件効果は、いずれも就業規則の定めによる。

1　休職の定義および根拠

　休職とは、ある従業員について労務に従事させることが不能または不適当な事由が生じた場合に、使用者がその従業員に対し労働契約関係そのものは維持させながら労務への従事を免除することまたは禁止すること、と定義されるのが一般です（菅野和夫『労働法〔第12版〕』742頁）。休職は、法令において、その定義や内容・種類について規定・規制しているものはなく、就業規則や労働協約といった社内規範において要件と効果が規定され、それを根

拠として使用者の一方的な意思表示によってなされるのが普通ですが、使用者と労働者の合意によってなされる場合もあります。

2　休職と休業、休暇との違い

　休業とは、法令のさまざまな箇所で出てくる言葉ですが（労基法26条、65条、育児・介護休業法等）、その実態としては、休職同様、一定の労働者に対して、従業員の労働契約関係を維持しながら、労務への従事を免除または禁止するものといえます。

　ただし、1で述べたとおり、休職は法令に規定はなく就業規則等に根拠がありますが、休業は法令の中に、休業を申し出る者（労基法26条では使用者、同法65条では労働者）、その要件および効果が規定されている点が異なります。もっとも、上述のとおり、休職と休業とは実態としては似通っているところがあるので、社会的には必ずしも厳密に「休職」と「休業」との言葉が区別されずに使用されていることも少なからずみられます。

　休暇とは、より一般的な概念で、一般に、継続的な労働関係を前提として、労働の義務が一時的に免除される期間のことをいいます。その中には、たとえば年次有給休暇（労基法39条）、生理日休暇（同法68条）のように、法令で定められるものもありますが、このほかに就業規則で定められる休暇、更には使用者の便宜的・臨時的な判断によるものもあります。休職・休業と違うのは短期間（通常は数日）を予定することが多いことです。

　本章で問題としているメンタルヘルスの不調においては、業務起因性がなく労働者の私傷病である場合には、基本的には傷病休職の適用を考えるところですが、それに至らない段階において、使用者側の措置あるいは使用者と労働者の合意において、当該労働者に休暇を付与することでその療養を行い回復を待つという場合もあります。

3　休職の種類

　休職の主な種類について概覧すると、以下のとおりとなります。

①　傷病休職　　私傷病による長期欠勤が一定期間・程度に及んだときに

行われるもの。その休職期間の長さは、通常、勤続年数や傷病の性質に応じて区別して就業規則上規定される。傷病より回復しないまま休職期間が満了すれば、自然退職もしくは解雇となる。そのいずれになるかは就業規則上の規定によるが、解雇予告の要・不要など若干の差異がある。

② 事故欠勤休職　　傷病以外の自己都合による欠勤（事故欠勤）が一定期間に及んだときに行われるもの。これも休職期間は就業規則に明定される。

③ 起訴休職　　刑事事件に関し起訴された者について、一定期間または判決確定までの間行われるもの。

④ 出向休職　　従業員の他社への出向期間中に行われるもの。

なお、このほかにも、公職就任、海外留学などの期間中に行われる自己都合休職や、労働組合の専従組合員に就任する期間中に行われる休職などがあります。休職期間中の賃金や勤続年数への算入については、休職の効果について規定する就業規則の規定内容によりますが、本書で主要な問題となっている①の傷病休職についていえば、休職期間中は賃金は支給されず、勤続年数への算入も行われないのが通常です。

☞ 弁護士からのアドバイス

　休職制度は社内規範（ほとんどの場合は就業規則）によってその要件・効果が規定されますので、就業規則の規定内容が極めて重要であり、ことに、昨今のメンタルヘルス問題の著しい増加という社会現象に対応できる規定となっているか、検証する必要があります（詳細は第9章参照）。

Q2　傷病休職となる従業員の範囲（試用期間の者、契約社員等）

設例　今年4月、当社では正社員を新たに採用しましたが、その社員は3カ月間は試用期間となっていました。ところが、5月にメンタルヘルスの不調を訴え、就業できないので就業規則にある傷病休職を適用してほしいと申し出てきました。会社の就業規則の文言では勤続1年未満の者でも6カ月の間傷病休職とすることとなっていますが、入社して1カ月経つか経たないかの者に、このような傷病休職を認めなくてはならないのでしょうか。

　また、雇用期間の定めがある契約社員が傷病休職の適用を求めてきた場合はどうでしょうか。

(1)　傷病休職は、本来、法令上の制度ではなく、就業規則を根拠として個々の会社ごとに創設されるものであるから、その内容は、就業規則の内容の規律に従うこととなる。

(2)　試用期間中の者についても、就業規則の内容次第では、傷病休職の適用の余地があることに注意しておくのが妥当である。

1　傷病休職と就業規則

　休職制度は、さまざまな会社で広汎にみられる制度です。しかし、意外と思われる方も多いと思いますが、使用者（会社）が休職制度を設けるように規定している法令はありません。即ち、休職制度とは、法令上の制度ではなく、個々の会社の定める就業規則を根拠とする制度です。

　その就業規則の中に休職に関する規定が存しない会社においては、私傷病により就業不能となった社員に対しては、労働契約上の債務不履行を理由に、労働契約を解除（解雇）できることとなります。なお、傷病が業務に起因するものである場合には、その傷病の療養中の解雇は禁止されています（労基法19条1項）。

　したがって、メンタルヘルスの不調に限ったことではありませんが、従業員が傷病（業務上の傷病を除く私傷病）により就業不能となった場合の対応については、就業規則の内容を検討することが必須です。

2　試用期間中の社員と傷病休職

　試用期間は法的制度ではありませんが、多くの会社において、主に正社員の採用の際に、入社後一定期間（おおむね3カ月程度）を「試用」期間とし、その社員の人物・能力等を評価し、本採用にするか否かを判断する、ということがみられます。

　試用期間中は、その社員は会社として未だ一人前の社員として認めたわけではありませんので、病気になって働けなくなってもすぐには解雇せずにその回復を待って再び働く機会を与えるというような、いわば社員としての貢献が期待できることを前提とする傷病休職は、試用期間の者には適用されないのではないかという意見が多々みられます。このような考えも心情としては理解できなくもありませんが、いざ司法判断を受ける場合には、必ずしも解雇が認められるとは限りません。

　就業規則の実務上、本採用後の正社員と試用期間の者の間には、試用期間の長さとその期間中の解雇以外に、特に区別した条項が設けられていないことが多く、また、傷病休職についての条項も、本採用後の正社員にその適用を限る（試用期間の者への適用を排除する）規定にはなっていないケースも少なくありません。こうした場合、1で述べたとおり、傷病休職は就業規則にその根拠を有しており、その制度内容は就業規則上の条項内容によって規律されると解さざるを得ませんので、設例のような場合においても、試用期間中の者に傷病休職が適用されてしまうことになると思われます。

こうした事態を防ぐ方策としては、当然ながら、就業規則中の傷病休職の条項（ひいては休職の条項）において、試用期間の者はその適用を排除することを規定しておくのがよいでしょう（詳細は第9章2参照）。

3　いわゆる非正規雇用社員と傷病休職

2で述べたとおり、傷病休職とは、本来、病気になって働けなくなってもすぐには解雇せず、その回復を待って再び働く機会を与えるという趣旨のものですので、長期雇用（終身雇用）が前提となっている正社員にその適用が限られるのでは、という意見もみられます。

しかし、2020（令和2）年4月より施行されたパートタイム・有期雇用労働法の均衡・均等待遇規定（8条、9条）からしますと、無期労働契約者である正社員に休職規定があり、有期労働契約者には設けられていないのは、法的に問題があります。

厚生労働省による「短時間・有期雇用労働者及び派遣労働者に対する不合理な待遇の禁止等に関する指針」（平成30年12月28日厚生労働省告示第430号）（いわゆる同一労働同一賃金ガイドライン）においても、病気休職について、「短時間労働者（有期雇用労働者である場合を除く。）には、通常の労働者と同一の病気休職の取得を認めなければならない。また、有期雇用労働者にも、労働契約が終了するまでの期間を踏まえて、病気休職の取得を認めなければならない」とされているところです。

なお、この点、最近の最高裁判例にも留意すべきです。最高裁は、私傷病による病気休暇について、郵便の業務を担当する正社員には有給の休暇を与え、同業務を担当する時給制契約社員には無給の休暇のみを与えるという労働条件の相違を、不合理と判示しました（最判令和2・10・15労判1229号58頁・日本郵便〔東京・時給制契約社員ら〕事件）。

☞ **弁護士からのアドバイス**

　訴訟実務に携わり、多くの裁判官に接していて感じるのが、司法の場における就業規則の重要性です。就業規則は、その内容が労働基準法89条により画一化されているうえに、そもそも書面という性格のため証拠上明瞭であり、しかも、会社と従業員との個々の同意よりも強い効力を有することもあり（労契法12条）、傷病休職の件に限らず労働関係の紛争の判断において、決定的な意義をもつことには留意しておいたほうがよいでしょう。

Q3　有期契約社員に休職制度を設けていない場合の問題点

設例　当社では、無期労働契約社員には、その就業規則の中に私傷病休職についての規定があり、私傷病を理由に1カ月欠勤した場合、その後に最大限で1年間私傷病休職し得ることとなっております（1年間で治癒しなかった場合には自然退職となります）。しかし、有期労働契約社員（契約期間は1年）の就業規則の中には私傷病休職の規定がなく、私傷病であっても、欠勤が14日以上続けば原則として解雇となることとなっています。

このような取扱いは、最近、問題となっている同一労働同一賃金の動き（いわゆるパートタイム・有期雇用労働法8条、9条）からして法的に問題ないでしょうか。

(1)　有期労働契約者に対して私傷病休職の規定（制度）を設けないのは不合理な格差にあたる。

(2)　休職の期間、有給とするか無給とするか否かは、事案ごとに合理性が判断されると思われる。

1　パートタイム・有期雇用労働法

従前より、無期雇用労働者と有期雇用労働者との間には、仕事内容に変わりがなくともその処遇には大きな格差があることは社会問題となっており、この格差のうち不合理なものを軽減するために、いわゆる同一労働同一賃金を制度趣旨として、労働契約法20条が2013（平成25）年より施行され、さらにはパートタイム・有期雇用労働法が2020（令和2）年4月に施行されまし

た（中小企業における同法の適用は2021〔令和3〕年4月1日）。前述の不合理な格差にあたるかどうかは、ごく簡単にいえば、格差が問題となった労働条件ごとに、その趣旨、性質に照らしつつ、ⓐ仕事内容や責任の程度、ⓑ配置転換の範囲、ⓒその他の事情を踏まえて判断されることとなります。

　パートタイム・有期雇用労働法で問題となる労働条件には多くのものがありますが（基本給、賞与、家族手当や住宅手当等の各種手当、夏期休暇や年末年始休暇等々）、本設例で問題となっている私傷病休職制度も、それが解雇猶予措置という性質をもっており（菅野和夫『労働法〔12版〕』742頁）、労働者にとっての利益措置であることから、パートタイム・有期雇用労働法の問題となります。

2　厚生労働省告示（厚労省ガイドライン）と裁判例

　同一労働同一賃金についての詳細は本書のテーマではないのでここでは詳述しませんが、病気休職については、厚生労働省によるいわゆる同一労働同一賃金ガイドラインによれば、「有期雇用労働者にも、労働契約が終了するまでの期間を踏まえて、病気休職の取得を認めなければならない」とされています。

　一方、裁判例では、たとえば日本郵便（東京・時給制契約社員ら）事件（東京地判平成29・9・14労判1164号5頁、東京高判平成30・12・13労判1198号45頁）の控訴審判決は、私傷病による病気休暇について、大要、会社が正社員（無期雇用労働者）に対しては日数の制限なく病気休暇を認めているのに対し、時給制契約社員（有期雇用労働者）に対しては1年度において10日の範囲内で認めているという点においては、不合理であると評価することはできないものの、正社員に対し私傷病の場合は有給とし、時給制契約社員に対し私傷病の場合も無給としている労働条件の相違は、不合理であるとしています。そして、最高裁も控訴審の判断を是認しました（最判令和2・10・15労判1229号58頁）。

　以上によれば、無期雇用労働者と有期雇用労働者との間で、私傷病休職制度の日数について差があること自体は認められるものの、それには限度があ

るということがいえると思われます。

3　設例へのあてはめ

　前述の1および2をもとに本設例を検討しますと、無期雇用労働者と有期雇用労働者との間で、私傷病休職制度の有無までが異なるというのは、合理的な相違とはいえないものと思われます（あくまで、法的に許容されるのは程度の差と考えられます）。もっとも、有期労働契約社員につき、どのような内容の私傷病休職制度を設ければよいのかについては、無期雇用労働者と有期雇用労働者とで、長期勤続への期待度がどの程度違うのかといった点など、事案の諸事情を勘案して決定する必要があります。その場合、認められる休職の期間、日数のみならず、有給と無給の取扱いについても考える必要があります。

☞ **弁護士からのアドバイス**

　非正規労働者の私傷病休職期間については、厚労省ガイドラインでは、有期雇用契約の残存期間を踏まえるのが妥当とされているので、原則としてはそれに沿うのが無難と考えます。もっとも、有給・無給の扱いは、解説のとおり、事案の諸事情を勘案して判断しなければなりませんが、大学の正職員と契約期間1年以内（更新の場合もある）のアルバイト職員との扱いの相違が争われた事案で、控訴審と最高裁の判断が分かれた例があります。

　雇用期間（1年）の4分の1である3カ月（賃金支給1カ月、休職給2カ月）を下回るときは、正職員（無期雇用労働者）との相違が不合理であるとした控訴審判決（大阪高判平成31・2・15労判1199号5頁・学校法人大阪医科薬科大学事件）が、最高裁では、正職員とアルバイト職員の職務内容の違いやアルバイト職員は長期雇用を前提とした勤務を予定していない等を理由に、「不合理と認められるものにあたらないと解するのが相当である」とされ、判断が覆りました（最判令和2・10・13労判1229号77頁）。

　この点、2で紹介した日本郵便（時間制契約社員ら）事件と比較して、二つの事案における非正規労働者の働き方の違いとそれに対する最高裁の評価がどのようなものであったのか、厚労省ガイドラインも参考にして、実務を行うとよいでしょう。

Q4　メンタルヘルスの不調のため出勤・欠勤を繰り返す従業員を休職させることの可否

設例　当社に、メンタルヘルスが不調な従業員がおり、出勤と欠勤とをそれこそ1週間おきくらいに断続的に繰り返しております。会社としては仕事をさせていても極めて不十分であり、また、そもそも出勤してくるかどうかわからないものですから仕事を与えるのも難しいです。そこで、会社としては早めに休職させたいのですが、会社の休職に関する規定が「引き続いて3カ月欠勤したとき」に休職を命じるとなっており、本人も、休職を強制される理由はないと言い張ります。どのように対処したらよいでしょうか。

(1)　メンタルヘルスの不調者は、内臓疾患・外傷といった体の病気に罹っている者と比較して、断続的に出勤・欠勤を繰り返しがちであり、就業規則上の休職要件も、こうした事象を想定したものに現代化することが肝要である。

(2)　設例のように、休職要件が、「引き続いて……欠勤」となっている場合は、断続的な出勤・欠勤では、従業員（ことに正社員）として、期待されている就業ができていないことを説明して、その労務受領を拒否するという方策を検討するしかない。

1　メンタルヘルスの不調により勤務が不安定な従業員への傷病休職の適用

メンタルヘルスの不調は、内臓疾患・外傷といったいわゆる体の病気と異

なり、期間・日によって調子の波があるのが通常です。ですから、体の病気の場合と異なり、出勤と欠勤を断続的に繰り返す従業員がでやすい傷病です。しかし、わが国の会社の就業規則は、今日のようなメンタルヘルス問題が社会的問題になる前の社会常識を前提に作成されたままになっているものがまだ少なくなく、その中の休職制度に関する規定も、従来よりあった体の病気のみを想定し、メンタルヘルスの不調の特性を考慮に入れずに作成されていることもみられ、設例の会社の就業規則も、そういった例の一つといえます。しかし、休職制度は就業規則を根拠とする制度（いわば会社自身が設けている制度）であり、その要件と効果は就業規則の規定そのものによりますので、設例のように、就業規則上、休職の要件として「引き続いて3カ月欠勤したとき」となっている場合は、メンタルヘルスの不調が問題となっている従業員（以下、「当該従業員」といいます）が「引き続いて3カ月欠勤したとき」でなければ、休職を命じることはできないということとなります。また、傷病休職は解雇猶予が制度目的ですので（本章Ｑ1）、傷病を理由として解雇するにはまずその猶予措置である傷病休職のプロセスを経ることが原則であるため、当該従業員に対して、解雇といった対応をとることは法的に危険が大きいといわざるを得ません。こういった形で、設例のような場合、会社としては難局に直面することとなります。

2　会社としての対応

　設例の会社のような難局への対応としては、根本的なものとしては、就業規則を改定し、休職要件をより柔軟化・現代化する必要があります（詳細は、第9章を参照）。しかし、今、現に直面する対応としては、まずは、現在、会社および職場のおかれている状況（当該従業員の不安定な勤務によって業務に支障が生じていること）を具体的に説明し、その合意をもって、休職に入ってもらうということがあります。一人の従業員の勤務が不安定な場合、当該従業員だけの問題にとどまらず、当該従業員の業務を代行・サポートしなければならない他の従業員の負荷の問題にもなりますので（しかも、他の従業員にとっては、その代行がいつ必要になるかどうかすら、事前に予測がつか

ないという点もあります)、こうした点を率直、虚心坦懐に説明することが必要です。

それでも、当該従業員が休職に応じない場合には、会社としても、当該労働者の勤務実績を分析し、出勤日のみの就業をもってしては、会社従業員としての業務を行っているとはいいがたい(法律的な表現を用いれば、労働契約の本旨に従った労務の提供がなされたとはいえない)ような状態において、出勤(労務の受領)を拒否し、引き続いての欠勤の要件を充足させることで、休職を命じることを検討することとなるでしょう(【文例2】参照)。

ただし、上述の、労働契約の本旨に従った労務の提供がなされていないことの立証は、現実的にはなかなか難しいところがあります。たとえば、当該労働者があるプロジェクトに参加している場合であれば、他の仕事(場合によっては部署)に配転すればよいのではないか、との反論もあり得ます。しかし、会社の基幹構成員である正社員の立場、更には正社員としての長期雇用を前提とされている地位にも鑑みれば、恒常的かつ安定した業務に従事してもらうことが当然の前提であり、更には、中長期的には自己の技能・スキルを向上させる努力をしてもらうことも想定されているというべきでしょう。そのような観点からは、たとえば、パート社員が行っているような仕事をあてがってまで、当該従業員の出勤を認める必要はないと思われます。

☞ 弁護士からのアドバイス

メンタルヘルスの不調という心の病気は、体の病気とはかなり違った特性を有しており、それは、従業員の労務提供の可否・程度に大きな影響を及ぼします。会社としては、就業規則の現代化ももちろんですが、従業員の健康管理、病気の予防といったことについても、現代化のための自省を怠らないことが肝要です。

【文例 2】　休職発令書

令和〇年〇月〇日

休 職 発 令 書

〇　〇　〇　〇　殿

〇〇〇〇株式会社

人事部長　　〇　〇　〇　〇

　貴殿は本日までに、既に、私傷病により〇〇日の欠勤に及んでおります（欠勤中断期間が1カ月未満における前後の欠勤の通算を含む。）。したがって、当社としては、貴殿が適切に就業することは困難であると認めざるを得ず、貴殿に〇月〇日までの出勤を停止し、その時点で、なお、適切に就業に従事することが可能と認められない場合には、休職を命じます。

　なお、休職を命じた場合、貴殿の休職満了期間は令和〇年〇月〇日であり、その時点までに貴殿の私傷病が治癒し復職ができなければ、当社を退職することとなりますので、留意して療養に努めてください。

【就業規則の適用条項】

当社就業規則第〇条〇項、同第〇条〇項、同第〇条〇項。

以　上

Q5 メンタルヘルスの不調な従業員を休職させる場合に会社がなすべき配慮

設例　今般、メンタルヘルスの不調を抱えていた従業員に対して、休職を命じることとなりました。しかし、メンタルヘルスは、体の病気とはいろいろな面で異なり、従業員へのケアが重要だという話を聞きます。休職を命じる従業員の家族との連絡といった面も含め、どのような配慮が必要となるでしょうか。

　また、その従業員が単身者であった場合、特にどのような配慮が必要になるでしょうか。

(1) メンタルヘルスの不調においては、家族関係が原因（一部も含めて）となっていることも少なくない。

(2) (1)の可能性を踏まえて、会社としては、家族との連携については、本人の意向を慎重に確認することが肝要である。

(3) 単身者については、周囲に支えてくれる者がいないことが多く、なるべく家族との同居をすすめる。それができない場合でも、単身者とその家族側および会社側の連絡窓口だけは決めておく。

1　メンタルヘルスの不調の原因における家族関係

　メンタルヘルスの不調については、未だに解明されていないところが多いのですが、さまざまな事例（裁判例も含めて）を概観しても、メンタルヘルスの不調が、特定の原因（たとえば仕事）だけを原因として生じたという事例はあまり多くありません。それこそ、業務上の問題、本人の素因の問題、本人の私的領域の問題等々、一つのメンタルヘルスの不調をとってもその要

因はさまざまです。その中の一つである私的領域の問題の中で多いのが人間関係の問題であり、その中でも、家族関係の問題が少なくありません。たとえば、家族関係が複雑であったり、サポートしてくれる家族関係が希薄で、ストレスに対する耐性が弱くなっているということです。一般的にいわれているように、人間とは集団的な動物であり、集団に属していたい、あるいはそれを実感したいという本能をもっています（帰属意識）。これは、家族関係のみならず、仕事における関係（部署・グループ）、家庭外の関係（友人関係）においても同様ですが、家族は、個々人の私的領域において最大の要素であるので、そこでの帰属意識を実感できなくなると、それだけで意識的・無意識的に精神的負荷を感じるようになりがちです。

2　メンタルヘルスの不調者の家族との連携についての注意

　1で述べた内容はメンタルヘルスの不調に至る段階の問題ですが、メンタルヘルスの不調に陥った段階においても、家族関係は重要です。メンタルヘルスの不調は、内臓疾患・外傷といったものと比較して、微妙な事象であり、周りの者も本人も初期には気づきにくいことから、治癒するどころか悪化してしまうことが多く、そうした事態に至らないための配慮として、家族関係が重要となってくるのです。

　そこで、気を付けなければならないのは、メンタルヘルスの不調を抱えている従業員に対して会社担当者として対応する際には、メンタルヘルスの不調を抱えていない者の尺度で、メンタルヘルスの不調を抱えている従業員の内情、たとえば家族関係を推認、即断することは危険であるということです。即ち、1で述べたように、そもそもメンタルヘルスの不調に家族関係が影響を与えている場合が少なくなく、そのような従業員に対して、会社担当者が安易に「家族は助け合うもの」などとの前提で接するとメンタルヘルスの不調を悪化させてしまうおそれもあります。やはり、本人の意向を慎重に確認してから進めることが必須となります。

　また、メンタルヘルスの不調を抱えている従業員の中には、家族を配慮するばかりに、「家族に心配をかけたくない」といって、家族との連携を拒む

者もみられます。このような場合も、家族との連携を無理強いすることは、かえって本人に精神的負荷をかけてしまうこととなります。それこそ自殺のおそれがあるなどといった場合を除いて避けるべきでしょうが、まずは本人の気持ちをよく聞いたうえで、たとえば「家族が本当に心配して負担に感じているのか、まずは直接話してみてはどうか」などと提案していくのが実務的な手法でしょう。

3　メンタルヘルスの不調者が単身者である場合

　メンタルヘルスの不調者が単身者であった場合に、会社として一番懸念されるのは、単身者の病状の悪化です。むろん、家族と同居している場合でも、病状の悪化はあり得るのですが、自宅において周りに人がいない場合は、そういった可能性がより高まることは当然でしょう。

　このような場合、一番よいのは、家族との同居をすすめることですが（その場合でも、2で述べたような注意は必要です）、それがかなわない場合、誰を休職中の連絡者とするかを従業員側（家族なのか、本人なのか）および会社側（上司なのか、人事担当者なのか）につき、本人の希望を聞きつつ確認しておく必要があります。休職中、本人にとっては、あらかじめ予測された窓口で連絡をとるようにするのも、療養へのマイナス材料を避ける一つの配慮でしょう。

☞　弁護士からのアドバイス

　メンタルヘルスの不調者に限らず、従業員の家族関係は個々人さまざまであり、他人が立ち入るには微妙な問題があります。そのため、メンタルヘルスの不調の場合は、家族とのかかわりを持たせようとすることがかえって病状を悪化させてしまう可能性があります。その点で、特に注意が必要となります。

Q6　休職命令に従わない従業員に対する対応

設例　メンタルヘルスの不調により就業が不能であるとして、会社より休職を命じたのですが、「自分は休職する必要はない」などと言って、会社の休職命令に従わず、勝手に出社してくる従業員がいます。会社としてはどのように対応するべきでしょうか。

　　また、本人が「主治医より、仕事を休むまでの必要はない、と言われている」などと主張しているようなケースでは、どうなるでしょうか。

> ここが**Point**
> (1)　休職命令は、労働者が業務不能か否かについて、専門医の診断をもとに判断するしかない。
> (2)　メンタルヘルスの不調の場合、専門医によって判断が分かれることがあるが、その場合には、即断せずに慎重な対処が必要である（解説参照）。
> (3)　休職命令に従わない者に対しては、説得・注意を試みることとなるが、最終的に従わなければ、懲戒処分をもって臨むこととなる。

1　休職命令の可否（私傷病による業務不能の有無）

　傷病休職は、通常、労働者が私傷病により業務に耐えられない場合に命じるものですが、殊にメンタルヘルスの不調の場合、その傷病の有無・程度の判断は不明瞭なところがあります。したがって、設例のような場合、まずは、設例の従業員（以下、「当該従業員」といいます）が、本当に傷病により業務に耐えられないかが問題となりがちです（体の病気につきましては、メンタルヘルスの不調に比較すれば、この点が問題になることは少ないところです）。

この点については、やはり専門医の判断によるしかないのが実情であり、休職を命じる際には、当該従業員の業務不能について、専門医の診断を得ることが必須です。

　ただし、メンタルヘルスのメカニズムは未だ解明されていない部分も多いことと相まって、同一人に対するメンタル不調の診断について、個々の専門医によって診断結果が異なることも珍しくありません。このように、休職発令を検討する段階において、当該従業員につき複数の専門医に診断してもらったところ、その診断結果が異なった場合には、まずは、各専門医により、当該従業員および当該従業員が属する部署、ひいては会社の業務の内容を理解していただきつつ、その意見を聴取し、なるべく、各専門医の意見が整合して理解できるように努めるのが穏当です（その場合、原則としては、会社の業務について認識がある産業医の意見が中心となるでしょう）。それでもなお判断がつきかねる場合には、サード・オピニオン等をとおして、多数の専門医によってなされた判断をもって、休職発令の判断をするのも方法の一つでしょう。

2　休職命令を行った後の許可なき出社に対して

　1で述べたような検討と配慮を行ったうえでなされた休職命令について、なお、これに従わない従業員に対しては、最終的には、業務命令たる休職命令に従わないということになるわけですので、就業規則の懲罰規定に沿って懲戒処分を行うよりほかにありません。ただし、なるべく説得や注意をもって自発的に休職命令に従わせるように配慮すべきことは、通常の業務命令違背者に対するのと同様ですし、ことに、メンタルヘルスの不調者のように、心の健康を害してしまっている者に対しては、その悪化を避けるという見地より、こうした配慮がよりいっそう求められるでしょう。

3　休職発令を受けた者が主治医の診断を得ていると主張する
　　場合

　当該従業員のような者の中には、主治医より業務可能との診断を得ている

として、出社してくる者もいるでしょう。この点については、1で述べたとおり、会社が休職命令を検討する際には、専門医の診断書をもって行うべきですが、診断書をとるべき医師の中でも、当該従業員の主治医は産業医と並んで、優先して診断書をとるべき医師です。したがいまして、会社としては、主治医の診断書を得たうえで、必要があれば、会社が面談等により主治医より意見を聴取してそれも判断材料としたうえで、休職命令を出すか否かを決めるべきであり、また、そのようにして休職命令を出しているのであれば、当該従業員に対して、すでに主治医の診断も参考にしたうえで行った休職命令である旨を説明しつつ、2で述べたような対応をとることとなります。

　もっとも、事案によっては、当該従業員より、「休職命令時には主治医は業務不能と診断していたが、その後、変化した診断書をもらった」といった主張がなされてくることもあります。この場合は、いったんなされた休職命令を前提としたうえでの、休職者としての当該従業員からの復帰申出として扱うこととなるでしょう。この点は、詳細は第6章Q1に述べるところとなりますが、簡単にいえば、その主治医の診断を確かめるべく、まずは、当該従業員に対して主治医の診断書を会社に提出するように求め、次いで、その主治医に対し会社が当該従業員の病状についての意見を聴取するために、本人に同意を求めるといった手順に進むことになるでしょう。

☞ 弁護士からのアドバイス

　解説で述べたように、基本となる問題点は、休職命令の合理性であり、これを大きく左右するのは、専門医の診断書の内容です。会社のメンタルヘルス対策、ひいてはこれからの従業員の健康管理については、会社として信頼できる専門医の確保、複数の診断書を得た場合の慎重な対応が、重要な鍵を握るものと思われます。

Ⅱ　休職中の対応

Q7　休職中の労働契約関係で留意すべき点（その1）　年次有給休暇、産前産後休業

設例　　従業員がメンタルヘルスの不調によって休職している間にも年次有給休暇は発生するのでしょうか。請求があれば与えるべきでしょうか。

　　また、私傷病で休職している女性従業員が産前産後休業を申請してきた場合、産前産後休業という扱いになるのでしょうか。その間に休職期間が満了するような場合には、休職期間は延長されるのでしょうか。

(1)　休職中の従業員であっても、出勤率8割の基準を満たせば年休権が発生する。

(2)　産前産後休業は法定の権利であって、私傷病休職中の女性従業員にも適用されるし、産前産後休業中は私傷病休職期間は延長されると解される。

1　休職中の従業員と年次有給休暇

　労働者の年次有給休暇の権利（以下、「年休権」といいます）は、6カ月間継続勤務すること（2回目は継続勤務1年6カ月間、3回目は2年6カ月間といった具合に、回数ごとに1年ずつ加算されます）、算定期間の全労働日の8割以上を出勤すること（1回目は最初の6カ月、2回目以降は直近1年間）の二つの要件を満たすことによって、その労働者に当然に発生する権利とされて

います（労基法39条）。この年休権は、年休の時季指定権の行使または労使協定による年休日によって、年休の効果（年休日についての就労義務の消滅と法所定の賃金請求権の取得）が発生します（菅野和夫『労働法〔第12版〕』559頁）。

　設例の事例は、休職中の従業員に関するものですが、休職は、労働契約関係を維持したまま、当該の労働者に対して労務提供の義務を免除することですから（本章Ｑ１参照）、前述の年休権の要件のうち、継続勤務については在籍で足りるとされており、休職は労働契約関係が維持されたままですので、休職中の従業員であっても継続勤務の要件は満たすこととなります。ただし、勤続年数については、休職期間を含めて算入されるか否か就業規則の定めによります。

　もう一方の要件（全労働日の８割以上の出勤）についていえば、前述の全労働日とは、労働者が労働契約上労働義務を課せられている日のことを指すところ、休職は、当該労働者に対して労務提供の義務を免除すること、即ち、本来は労働日であるところを労務提供を免除するわけですので、休職期間中も全労働日に含まれます。そして、実際に出勤した日（この場合、休職日は実際に出勤していないので、除きます）を全労働日で割って、８割以上の出勤率があるか否かで、年休権の有無を判断します。

　なお、以上は、メンタルヘルスの不調が私傷病であった場合についてであり、もし、業務を原因とするものであった場合には、業務上傷病により療養のため休業した期間は出勤したものとみなして出勤率を計算しますので（労基法39条７項）、注意が必要です。

2　休職中の従業員と産前産後休業

　すでに述べてきていますように、休職制度とは使用者が就業規則上創設する制度です（本章Ｑ１参照）。一方、産前産後休業は、６週間以内に出産する女性従業員の請求があった場合および女性従業員が産後８週間を経過していない場合に、当該女性従業員に対して認められる法定の権利です（労基法65条１項・２項）。となりますと、就業規則よりも法令が優先しますので、私傷病休職中の従業員に対しても産前産後休業の適用があると解されます。

　ただし、産前産後休業の間に私傷病休職期間が満了する場合には、いささか議論があり得ます。就業規則上は会社と従業員との間の労働契約の内容の一部となるところ、その就業規則の一部である私傷病休職制度により、労働契約自体が終了してしまうような場合、労働契約の存在を前提とする産前産後休業も終了するのではないか、という疑問があるからです。

　しかし、労働基準法は、別の箇所で産前産後休業期間およびその後の30日間は、当該従業員を解雇してはならないとしていることをみても（労基法19条1項）、産前産後休業の保障を労働契約の終了よりも優先していると解されることにも鑑みれば、労働基準法が保障する産前産後休業中に私傷病休職期間が満了しても休職は終了せず、休職期間が延長されると解するのが穏当であると思われます。

☞ 弁護士からのアドバイス

　本設例の後段のような事例は、実務上、少なからずみられます。会社としては非常に迷うところですが、産前産後休業は、出産というそれ自体、就業を不可能としてしまう事象（もちろん傷病とは性格は異なります）によって取得できる権利ですので、上述の解釈もやむを得ないところと思われます。これに対して、育児・介護休業と私傷病休職との関係についても、さらに議論があり得るところですが、やはり、育児・介護休業も法的な制度である点で、産前産後休業と同様であるので、原則としては同じように解されると思われます（もっとも、この場合にも、当該労働者が、育児、介護をなし得る状態にあることは前提になると思われます）。

Q8　休職中の労働契約関係で留意すべき点（その2）　定年退職、人員整理

設例　当社の従業員がメンタルヘルスの不調により私傷病休職中ですが、このたび60歳を迎えます。会社の規定では、60歳を迎えた月の月末に定年退職となっています。この場合、休職期間の満了を待たずに定年退職となるのでしょうか。

会社が経営難に陥り、人員整理をすることとなった場合、私傷病休職中の従業員を優先して解雇してもよいのでしょうか。

(1)　傷病休職中の従業員であっても、定年退職制は適用される。定年後に継続雇用制度がある場合には、休職期間が継続雇用期間中に引き継がれると解される。

(2)　傷病休職中の従業員であっても、私傷病の場合であるならば、整理解雇の対象に含めることは可能である。その場合、被解雇者の選定において、傷病（私傷病）休職中であることをもって、より被解雇者に選定される要素とすることもやむを得ない。

1　定年退職と傷病休職制度

　定年退職制とは、労働者が一定の年齢に達したときに当然に労働契約が終了する制度をいいます。一方、傷病休職制度は、労働契約関係の存在を前提としつつ、労働契約関係はそのままにして、傷病を負っている従業員に対し、労務への従事を免除または禁止することです。ですから、定年退職によって労働契約が終了すれば、そもそも労働契約関係を前提とする傷病休職

も終了する、という関係に立ちます。確かに、傷病休職制度の目的は解雇猶予にあるのですが（本章 Q 1 ）、それは、傷病による労務提供不能を原因とする解雇の猶予であって、それ以外の事由による解雇もしくは労働契約終了を猶予する制度ではないと解されます。よって、設例の場合では、設例の従業員は傷病休職中であっても60歳にて定年退職することとなります。

　なお、2004（平成16）年の高年法改正により65歳までの雇用継続義務が設けられ（同法 8 条）、多くの会社が60歳定年退職以降の継続雇用制度を導入しています。2012（平成24）年の高年法改正および「高年齢者雇用確保措置の実施及び運用に関する指針」（平成24年11月 9 日厚生労働省告示第560号）によれば、継続雇用しないことができる事由は「就業規則に定める解雇事由又は退職事由と同一の事由」に限られるので、休職中に定年に達した場合は、原則として定年後も継続雇用されつつ、休職期間が続行すると解するのが自然と思われます（なお、高年法改正法附則 3 項により、老齢厚生年金の支給開始年齢を上回る労働者に対しては、労使協定で基準を設けて継続雇用をする労働者を選定できる場合がありますので、その場合には、休職中の労働者を継続雇用から除外するという余地はあり得ます）。

　さらには、2020（令和 2 ）年の高年法改正により、従来の65歳までの雇用確保（義務）に加えて、65歳から70歳までの就業機会を確保するため、事業主に対して高年齢者就業確保措置を講ずることを努力義務とする条文（改正法10条の 2 ）が新設されたことへの留意が必要になります（2021〔令和 3 〕年 4 月 1 日施行）。

2 　人員整理と傷病休職制度

　 1 で述べたとおり、傷病休職制度は解雇猶予に目的がありますが、これは傷病による労務提供を原因とする解雇を猶予するものです。一方、設例のような人員整理は、会社が経営上必要とされる人員削減のために行う整理解雇であって、傷病休職制度が猶予している解雇とは異なりますから、傷病休職中の従業員であっても整理解雇の対象となることとなります。ただし、その傷病が、設例とは異なり業務を原因とするものである場合は、整理解雇で

あっても解雇はできません（労基法19条1項）。

　整理解雇は、①人員削減の必要性、②人員削減の手段として整理解雇を選択する必要性、③被解雇者選定の妥当性、④手続の妥当性といった4要素に着目しながら、その有効性が判断されますが、私傷病休職中の者を整理解雇する場合の固有の問題としては、③の選定の妥当性です。即ち、私傷病休職中の従業員は、現実に会社で就業しておらず会社に貢献できていないわけですから、他の従業員に比較して、より優先して解雇することの妥当性の問題です。確かに、私傷病といえども病気は本人に責任があるものでもなく、むしろ、健康な者と比べて再就職も難しく、そういった者を優先して解雇することには慎重であるべきとの意見もあり得るでしょうが、傷病休職（特に私傷病休職）自体が、そもそも労務提供の履行不能による解雇を猶予するものである以上、そういった猶予措置をとっている者を優先して整理解雇に及ぶのはやむを得ないと思われます。

　なお、整理解雇といった事態において、傷病休職者が復職を申し出てくる事態も考えられますが、その場合は、そもそも復職が可能なのか否か（就業が可能なのか否か）につき、確認のうえ、復職の可否を判断することとなります（詳細は第6章Q1等）。

☞ 弁護士からのアドバイス

　傷病休職は、解雇を猶予する措置ではありますが、その他の労働契約終了事由を排除するものではありません。設例ではふれませんでしたが、たとえば、傷病休職中に重度な非違行為があった場合には、懲戒解雇の対象ともなり得ると考えます（ただし、その場合、懲戒解雇に通常必要な弁明の手続の確保は、特に慎重に行うべきではあるでしょう）。

Q9 休職中の従業員に報告義務を課すこと、および活動の制限を課すことの可否

設例 　今般、一人の従業員がメンタルヘルスの不調により就業が困難となったので、傷病休職を発令することとなりましたが、会社としては、復帰するなら、休職期間満了の直前になってから復帰されるよりも早めに復帰してほしいので、休職期間中も1カ月ごとに傷病の回復度合いを報告させ、できれば診断書も提出させるようにしたいと考えております。休職させる従業員に対して、このような報告を義務づけることは可能でしょうか。

　また、従業員が休職中に、たとえば「旅行に行きたい」などと言ってくる場合があるのですが、会社としては療養に専念してほしいと思っています。こうした場合、旅行を制限することができるでしょうか。

(1)　休職中の従業員に対しても、その傷病状況の報告義務を課すことは、報告義務の内容が常識的なものである限り可能である。なお、就業規則に報告義務の履行の頻度・内容を規定しておくとさらによい。

(2)　休職中は療養に専念すべきであるが、療養以外の活動が全く制限されるわけではない。専門医の意見を参考に判断するのが妥当である。

1　休職中の従業員に傷病状況の報告義務を課すことの可否

　労働者は基本的には会社に労務を提供するのが契約上の義務ですから、病

気自体は仕方がないとしても、使用者（会社）としては業務維持の観点よ
り、自らが雇用している労働者（従業員）の労務を提供しない期間を少なく
したいでしょうし、従業員の側にしても就業が可能であり休職が必要でなく
なれば職場への復帰を希望するでしょうから、それにもかかわらずあえてそ
れを秘して休職しようという従業員には問題があります（特に休職中でも有
給とされている会社での場合はなおさらです）。ただし、休職中は労働者として
は療養に専念すべき期間でもあるので何らかの義務を課されること自体、休
職の趣旨に反するのではないか、との疑問もあり得ます。

　しかし、前述のとおり、休職は、労働者の基本的な義務である労務提供義
務を傷病による就業不能という特別の事情に基づき免除するものにとどま
り、その免除はあくまで労働者が就業できないことを前提とするものです。
したがって、その免除を受ける労働者としては、労務提供の免除（休職）が
必要な状況、即ち、上記の特別の事情にあるか否かを使用者に知らせるの
は、労働契約上、当然の義務であると考えられます。もっとも、前述のとお
り、休職は休職中の労働者の療養に資するものでなければなりませんから、
報告の頻度・内容は、およそ常識的なものでなければならず、極端な例をい
えば、連日報告義務を課す、1週間ごとに診断書を出させる、といったよう
な方策には賛成できませんが、設例のような程度であれば、まずよろしいの
ではないかと思われます。

　なお、このような疑問が呈される余地をより少なくするために、就業規則
において、休職中の状況の報告義務およびその内容（無論、常識的な範囲・
程度である必要はあります）につき、明文に規定しておくのがベターでしょ
う。殊に、報告義務の内容の妥当性については、人により見解が分かれやす
いところですが、就業規則によって労働契約の内容の一部になっていれば、
より会社の見解が法的にもとおりやすくなります。

2　休職中の活動の制限の可否

　1で述べたとおり、休職は、労働者（従業員）に対してその療養のために
労務提供を免除するものですので、使用者（会社）としては、療養以外の活

動を行うなら休職しないで復帰してほしい、というのが心情ではあります。しかし、ことメンタルヘルスの不調（心の病）のような場合、心理的な負荷が継続してかかる業務から離れ、たとえば設例にある旅行などといった自己の希望する活動を行うことが、かえってその療養・回復に資する側面もあり、純粋な療養以外の活動をすべて制限してしまうのは妥当ではありません。実務的には、専門医の意見を聞きつつ判断するのが無難でしょう。

　もっとも、このような判断は、休職中の従業員が、「○○がしたい」、「○○の予定である」などと報告、申告してきた場合のことであり、なかには会社に全く報告等をしないで旅行（ときに海外旅行）に出かけてしまい、後になって発覚するといった事態もないではありません。そうした場合、会社としてはその従業員にどのような対応をするかが問題となりますが、たとえば、旅行などの活動によって病状を悪化させてしまったような場合には、そうした行為についての合理的な理由（医師の許可等）がない限り、会社としては休職命令、つまりは会社の命令の趣旨に違背した者として、懲戒処分等を検討せざるを得ないでしょう。

☞ 弁護士からのアドバイス

　本設例に限らず、休職に関連する問題の理解については、そもそも労働契約によれば労働者は労務提供義務を負っているのであって、休職（労務提供義務の免除）はあくまで、一定の要件（たとえば傷病による就業不能）の下に使用者が認めた例外であることを理解しておくことが肝要です。ただし、メンタルヘルスは、いわゆる体の病気と異なり微妙なところがあり、ちょっとした負荷を課すことで症状が悪化することもあり得ます。その対応、たとえば報告義務が履行されなかった場合の督促などについては、やはり配慮が必要でしょう。

Q10　従業員の休職期間満了に備えての会社の準備・対応

設例　　現在、メンタルヘルスの不調（私傷病）により休職中の従業員がおりますが、そろそろ休職期間が満了となります。こうした状況の下、会社としては、しておいたほうがよい準備なり、対応なりがあるでしょうか。このまま休職期間が満了するのを待っていればよいのでしょうか。

ここがPoint

(1)　私傷病休職の期間が近づいたら、その旨を休職中の従業員に告知するのが、紛争予防の見地からは妥当である。

(2)　専門医の確保と、リハビリ出社・出勤についての一定の段取り、基準を整えておくと、復職の申出を受けた場合の対応が円滑に進む。

1　休職期間満了の旨の告知

　通常、私傷病による傷病休職は、就業規則に所定の休職期間が満了したら退職または解雇となります（そのいずれとなるかは就業規則の定めによります）。そのため、休職している労働者（従業員）にとっては、休職期間の満了は重大な問題です。したがって、使用者（会社）としては、休職期間満了が迫ってきたら、まずは従業員に対して、

①　休職期間が○年○月○日で終了すること

②　満了するまでに復職可能（就業可能）な状況とならなければ退職（または解雇）となること

③　復職を申し出るならば復職可能との医師の診断書を添えつつ早めに会

120

　社に申し出ること

といった諸点につき注意喚起をすべく、告知するのが妥当です。なお、告知
の方法としては、形に残すという点から、書面（第6章Q3【文例3】参照）
やメールによるのが、より妥当でしょう。

　むろん、私傷病による休職はあくまで従業員側の都合により、会社が従業
員の労務提供義務を免除しているものですので、本来、従業員側のほうで、
休職期間の満了時期およびそれまでに復職できない場合、退職や解雇となる
ことを自覚しておくべきなのですが、殊に、メンタルヘルスの不調といった
傷病の場合、このような認識が抜け落ちているケースが、内臓疾患・外傷と
いった体の病の場合に比べて多いように思われます。また、後に、従業員よ
り「自分は休職の終了期を知らなかった。知りようがなかった」などといっ
た主張がなされ、トラブルになるのを予防するためにも、前述のような告知
をしておくのが妥当でしょう。

　なお、告知する時期については、いろいろな考えがあるでしょうが、告知
をした場合に考えられる休職中の従業員からの復職の申出およびそれに対す
る会社の対応のために必要となる時間を考えますと、期間満了の1カ月前に
は告知しておくのがよいと思われます（ただし、あまりに事前すぎると、注意
喚起としての意味が薄れますので、バランスも必要です）。

2　復職の申出に対する準備

　休職期間の満了が近づいてくると、休職中の従業員より、復職の申出をな
してくることが少なくありません。この場合、まず、その従業員が復職可能
なのか、換言すれば就業可能なのか、を判断することが必要となります。そ
の判断の詳細は、第6章に譲りますが、会社としては、就業可能性が的確に
判断できる専門医を確保しておくと有益です。また、メンタルヘルスの不調
の場合には、厚生労働省が2009（平成21）年・2012（同24）年に改訂した
「改訂　心の健康問題により休業した労働者の職場復帰支援の手引き～メン
タルヘルス対策における職場復帰支援～」によれば、完全な復職を実施する
前に、試し出勤制度等（リハビリ出社・リハビリ出勤等）を実施することが妥

当とされていますので、その準備もしておくのが望ましいでしょう。

　リハビリ出社・リハビリ出勤の詳細については第7章で述べますので、こ
こではその準備につきごく簡単に述べると、リハビリ出社・リハビリ出勤を
行う場合に備えて、それを受け入れる職場の確保（通常は、休職前の原職の職
場となりますが、リハビリ出社・リハビリ出勤に適しない場合もあります）、処遇
（リハビリ出勤の場合でいえば、労働時間、賃金等）につき一応の基準を有して
おくと円滑に進むでしょう。

☞ 弁護士からのアドバイス

　休職期間の満了は、休職中の従業員にとっては大問題です。会社としては、
事前になるべく丁寧な手順を尽くすのが妥当でしょう。殊に、メンタルヘルス
の不調は、就業の可否の判断を含め、その病状の判断がわかりにくく（人によ
り見解が分かれやすい）、復職の際にはそれなりの手続を要することも考えら
れますので、前もっての手順、用意の必要性は、体の病気に比べて大きいと思
われます。

《答えます③》　休職期間中の従業員との連絡は？

　私傷病休職に入った従業員は、本来であれば労務提供不能により解雇
になるところを猶予されて、会社に在籍のまま労務提供を免除された状
態なわけですから、会社としては、療養に専念し、復帰するのであれば
早期に復帰してほしいのが実情です。そこで、会社としては、たとえ休
職中であっても、従業員がどのような病状にあるのか、本当に休職が必
要なのか、療養に専念しているかといったような、休職中の状況を従業
員より報告してもらいたいところです。

　しかし、私傷病の中でもメンタルヘルスの不調に至っている場合、内

臓疾患や外傷といった体の疾病とは異なり、そもそも対人折衝（人と連絡をとること）自体が難しくなっていることが少なくなく、報告をしてこなくなることがあります。したがって、メンタルヘルスの不調による休職の場合、報告・連絡をしてこないことが、その従業員の怠慢、非協力的姿勢によるものなのか、メンタルヘルスの不調そのものによるものなのか、必ずしも明らかでないという難しさがあります。

　メンタル不調による休職者と連絡が取りにくい場合には、その家族を通して接触することとなりますが、仲介できる家族がいなかったり、あるいは家族からの接触がかえって本人の心理的負担となる可能性もあります。そうなると、休職期間満了時期近くまで、何らの報告も受けることなく推移することとなりますが、それでも、会社からは（たとえ報告・連絡が返ってくる見込みは薄くとも）、なすべき連絡はしておかなくては、後にトラブルの種を残す場合がありますので、注意が必要です。たとえば、本人から「休職期間満了時期について教えてもらっていなかった」、「休職期間満了による取扱い（退職・解雇）の措置が欠いているので、その効力が生じていない」といった主張をされるきっかけとなりかねません。

第 6 章

休職から復職または
退職への対応

Q1　休職中の従業員の復職可否の判断 （その１）　総論

設例　　　当社の従業員で私傷病によるメンタルヘルスの不調により休職していた者がおります。今般、休職期間の満了に際して、復職の申出をしてきました。会社としては、就業が可能なまでに傷病が治癒していれば復職を認めるつもりですが、この判断はどのようにして行えばよいのでしょうか。

(1)　傷病休職していた従業員からの復職申出に対し、復職を認めるか否かは、休職満了時までに、休職前の業務が通常どおりに遂行できる程度に治癒しているか否かで判断されるのが大原則であるが、若干の修正は必要である。

(2)　復職可能（就業可能）の判断は、専門医の判断によるほかなく、復職を申し出た従業員が、専門医による「就業可能」との診断書を提出してきた場合、会社側が他の専門医による「就業不能（困難）」との診断書なくして、復職を認めないのは困難である。

1　傷病休職からの復職

　傷病休職とは労働者が傷病により労務提供が不能な状態に陥った際に、直ちに解雇されることなく、一定の期間、解雇を猶予することを目的とする就業規則上の制度です。したがいまして、傷病による労務提供不能という事由が消滅すれば、休職は終了し復職することとなりますし、傷病による労務提供不能という事情が変わることなく、就業規則所定の一定の期間が経過すれば、退職か解雇へと進むことになります。

　休職してきた労働者（従業員）の側とすれば、復職が認められないままに休職期間が経過すれば失職するわけですから、設例の従業員の例のような復職の申出に対し、就業可能までに治癒したか否かの判断は、重大な意味を有することとなります。

2　就業可能か否かの判断（大原則と例外）

　１で述べたとおり、復職の可否は就業の可否（さらにいえば傷病が治癒したといえるかどうか）の判断によるところとなります。これは、大原則としては、休職期間満了時までに「従前の職務を通常の程度に行える健康状態に復した」といえるかどうかで判断されます（浦和地判昭和40・12・16労判15号6頁・平仙レース懲戒解雇事件）。つまりは、傷病から回復していないか、仮にいく分かは回復していても、

　　①　休職期間満了時点までに、
　　②　休職前の業務を普通に遂行できる程度に回復している

ことが認められないのであれば、復職は認められないこととなります。

　ただし、この大原則については、まず判断基準時の原則ともいうべき①について、エール・フランス事件（東京地判昭和59・1・27労判423号23頁）などの裁判例、回復基準程度の原則ともいうべき②について、片山組事件（最判平成10・4・9労判736号15頁）などといった裁判例において、後述のとおり若干の修正がみられるところですので、使用者（会社）としては、①②について、あまり杓子定規に判断しないように注意することが必要です。

3　メンタルヘルスの不調に関する判断の困難さ

　メンタルヘルスの不調（いわゆる心の病）の場合、内臓疾患や外傷などといったいわゆる体の病に比較して、そもそも病気なのか、その程度はいかほどのものなのか（特に、就業が不可能なレベルか否か）、人によって判断が分かれやすい性質を有しており、現に、一人のメンタルヘルスの不調者を同時期に複数人の専門医が診断しても、専門医らの判断が一致しないことが頻繁に起こります。詳細は本章Ｑ４に譲りますが、最終的には、就業が可能か否

かの判断は医学的判断ですので、専門医に委ねるほかはなく、より信頼すべき診断を選択することが肝要となります。

　したがって、復職の申出をなしてきた従業員が就業可能の旨を記載した主治医の診断書を提出した場合、会社としてその従業員の外形・言動だけをもって就業不可能と判断したうえで、他の専門医による「就業不可能」「就業困難」との診断書をとることなしに、その従業員の復職を認めず、退職または解雇させてしまうといった措置は、極めてリスクが高いといわざるを得ないので、避けるべきでしょう。

☞ 弁護士からのアドバイス

　メンタルヘルスの問題の増加に伴い、休職および復職に関する紛争も増加してきており、その過程では、２で述べたとおり、従前、大原則とされてきたところが修正されている箇所も出てきています。当然のことかも知れませんが、常に裁判例の最新の傾向をつかんでおかないと、思わぬ落とし穴にはまってしまうおそれがあります。

Q2　傷病休職からの復職の可否（その2）　判断基準時・判断基準業務についての考慮

設例

　メンタルヘルスの不調（私傷病）により傷病休職していた従業員がおり、今月末で就業規則所定の休職期間が満了し退職となるところでした。

　ところが、その従業員より「軽易な作業なら今でもできるし、短期間、軽易な作業に従事した後は、通常業務に戻ることも可能である」との旨の診断書が提出され、復職を申し出てきました。会社としてはこれを受けて復職させなければならないのでしょうか。

　また、休職期間満了が迫った従業員が、「休職前に従事していた現場での業務は無理だが、事務職の業務は可能」との診断書を提出して、復職を申し出てきました。この場合は、会社としては復職させなければならないのでしょうか。

(1)　傷病休職の休職期間満了時において、休職者が通常の業務が可能な程度に回復していなくても、軽易な作業を行えば短期間で通常の業務が可能である見込みがあるような場合は、復職を拒否して退職、解雇などの措置をとるのは、避けたほうがよい。

(2)　傷病休職からの復帰については、休職前に従事していた業務に復帰させるのが原則ではあるが、傷病休職していた従業員が職種や業務内容を特定されていない者である場合、会社の規模、業種、休職者本人の能力、経験、地位等に鑑みて、本人を配転し得る職場の業務への復職が可能であれば、復職を検討する必要がある。

1　傷病休職期間満了時に、通常の業務には復帰できないが、軽易な作業には復帰できる場合

　本章Q1で述べたとおり、傷病休職からの復職は、休職期間満了時までに、休職前の業務を普通に遂行できるようになっていることを要するのが原則です。したがって、設例の従業員（以下、「当該従業員」といいます）のように、休職期間満了時までに、通常の業務（何をもって通常の業務を解するかは、2で述べます）ではなく軽易な業務にしか従事できないのであれば、この原則に基づけば、復職は認められないこととなり、休職期間満了により退職もしくは解雇、という扱いを会社より行うこととなります。

　しかし、傷病休職の期間満了として退職もしくは解雇することは、いうまでもなく労働者（従業員）を失職させることですから、復職を認めないという使用者（会社）の措置について、裁判例は、若干、謙抑的な配慮を行うことを求めています。たとえば、エール・フランス事件（東京地判昭和59・1・27労判423号23頁）判決は、復職を求めてきた従業員に対して、会社が「復職を容認しえない旨を主張する場合にあっては、単に傷病が完治していないこと、あるいは従前の職務を従前どおりに行えないことを主張立証すれば足りるのではなく、治癒の程度が不完全なために労務の提供が不完全であり、……今後の完治の見込みや、復職が予定される職場の諸般の事情等を考慮して、解雇を正当視しうるほどのものであることまでをも主張立証することを要する」とし、さらに、「申請人（筆者注：復職を求めてきた従業員）を他の課員の協力を得て当初の間はドキュメンティストの業務のみを行なわせながら徐々に通常勤務に服させていくことも充分に考慮すべき」（下波線部筆者）であるとも説示しています。つまりは、復職当初は軽作業に就かせつつ短期間で通常業務に復帰できるような見込みがある場合には、休職期間満了時において通常の職務を遂行できないような回復状態であっても、復職を拒否してはならないということです。

　なお、この場合、いったいどれくらいの期間で通常業務に復帰できる見込みであれば復職を認めなければならないのか、という疑問が出てくるでしょ

うが、私見をいえば、一般的な会社の試用期間の例（多くの場合は3カ月）を参考にするのが妥当ではないかと思われます。

2　傷病休職期間満了時に、休職前の業務に従事できないが、別種の業務であれば復帰できる場合

　本章Q1で述べたとおり、傷病休職からの復職は、休職前の業務を普通に遂行できるようになっていることを要するのが原則です。したがって、原則論をいえば、当該従業員が職種・業務を特定していない従業員である場合、休職前の業務である現場業務を普通に遂行できないというのであれば、復職は認められないということとなります。

　しかし、当該従業員が職種・業務を特定していない従業員である場合、1で述べたような謙抑的な配慮を要するとされています。たとえば、片山組事件（最判平成10・4・9労判736号15頁）判決は、通常の正社員（期間の定めがない社員）のように、職種や業務内容を特定せずに労働契約が締結されている場合は、特定の業務について労務の提供ができなくとも、その能力、経験、地位、当該会社の規模、業種、当該会社における労働者の配置・異動の実情および難易等に照らして当該労働者が配置される現実的可能性があると認められる他の業務について労務の提供をすることができるのであれば、その他の業務への配置を検討・実施すべきである、と説示しています。簡単にいえば、休職していた当該従業員のキャリア、能力等からして、他の職務、たとえば設例後段で申し出ている事務職に配転されることがその会社の中において現実的である場合、具体的には、当該従業員と同様なキャリア、能力等を有している者が他の職務にも配転されている例がそれまで会社にあったような場合には、会社としては、当該従業員が休職前の業務に復帰できないことをもって復職を認めない、といった対応はできないこととなります。

　もっとも、付言しますと、この片山組事件の判決も、復職を申し出ている従業員のために、新たに業務を創って与えたり、キャリアの長い従業員のために、あえてキャリアのごく浅い従業員が担うような簡易な仕事を与えたりしてまで、その従業員を復職させることを求めているわけではないことは留

意しておくべきと考えます。

　なお、参考になる裁判例として、伊藤忠商事事件（東京地判平成25・1・31労経速2185号3頁）では、営業職、それ以外の管理系業務においても、社内外の関係者との連携・協力の必要上、対人折衝等の複雑な調整等にも耐えうる程度の精神状態が最低限必要とされることを理由として、問題となった労働者の傷病からの治癒・復職を認めなかった会社の判断を肯定しています。

3　当該従業員が職種・業務を特定している従業員である場合

　2では、当該従業員の職種・業務が限定されていない場合について述べましたが、当該従業員の職種、義務が契約上限定されている場合は、結論からいえば、2で述べたような配慮は不要であり、契約上限定されている職種・業務を普通に遂行できなければ、復職は認められません。ただし、このような職種・業務が契約上特定されている社員であっても、たとえば就業規則上、職種・業務の変更が予定されていたり、実態として、従業員一般において契約上特定された業務以外の業務も行わせているような例があるような場合には、2で述べたように、休職前に就いていた業務以外に就業可能な業務があれば、そうした業務への復職を認める必要が出てきますので（大阪高判平成14・6・19労判839号47頁・カントラ事件）、注意が必要です。

☞ **弁護士からのアドバイス**

　傷病休職からの復職申出を会社が拒否して、その従業員が退職や解雇に至るようなケースについて、近時の裁判例では、会社に慎重な配慮を要求しています。しかし、メンタルヘルスの不調者については、そもそも、軽易な作業から通常業務に復帰できる「見込み」がどのあたりにあるのか、あるいは、どのような業務であれば普通に遂行できるのか、といった判断自体が、必ずしも明瞭ではないという問題があります。その判断には、専門医の判断が必須ですが、その判断を受けての実務上の対応については、法律家のアドバイスが必須と思われます。

Q3　職場復帰の判断と医師の診断書の要否

設例

　　メンタルヘルスの不調により傷病休職（私傷病）を
していた従業員より、復職の申出がありました。そこ
で、会社より、就業が可能である旨の診断書を提出す
るように申し入れたのですが、その従業員は、「主治
医が復帰可能だと言っている」などと言い張るだけ
で、全く診断書の提出に応じようとしません。そうし
ているうちに、傷病休職期間の満了時が近づいてきて
いるのですが、会社の就業規則では、休職期間が満了
しても休職事由が消滅しない場合には、その従業員が
当然に退職となるとされています。会社としてはどの
ように対応すればよいでしょうか。

> (1)　休職中の従業員の復職には、専門医による、就業可能であ
> るとの診断書が必要である。
>
> (2)　診断書が出ない場合に、休職期間満了になり、当然退職の
> 手続をとる場合には、その前に、一定の配慮（診断書の提出がないと
> 当然退職になってしまう旨の注意喚起、主治医への面談による意見聴取の
> 申出）をなしておくことも必要である。

1　傷病休職からの復帰の可否についての判断と診断書

　傷病休職は、傷病のために就業ができない労働者に対し、使用者が労務へ
の従事を免除するものであり、復職とは傷病休職を終了させて労務に復帰す
ることを意味しますから、復職には、就業が可能な程度に傷病が回復してい
なければなりません。その際、就業が可能であるか否かの判断基準について

は、本章Q1、Q2等で述べてきたところですが、そもそも傷病の有無・程度についての判断自体が医学的な領域に属しますから、専門医の診断が必要であり、その判断を明瞭かつ責任あるものにするには、診断書が必要です。

　しかし、実務においては、設例の従業員（以下、「当該従業員」といいます）のように、診断書の提出を拒んでくる者もおり、そのような場合の対応が問題となります。

2　復職の申出の際、復職の可能性については、労使どちらが立証すべきなのか

　設例のような問題点を考えるにあたっては、傷病休職者が復職を申し出てくるに及んで、その傷病休職者の復職が可能であるか否か（就業が可能であるか否か）については、その傷病休職者が自ら就業可能であることを立証する必要があるのか、それとも会社の側が、その傷病休職者は未だ就業不可能であることを立証する必要があるのかが、問題になります。しかし、これは、傷病休職者の側に立証する責務があります。なぜなら、傷病休職者に限らず、健康状態は本人の意思を無視して他人が一方的に調査することはできませんし、加えて、就業可能になったということはそれまでの休職中の状態（就業不能状態）が好転したという変化が生じたわけですから、変化を主張する者に主張・立証をさせるのが筋となります。

　したがって、設例では、当該従業員が、自らが就業可能になった（変化した）ことを立証するために、1で述べたところに従い、専門医の診断書を会社に提出する必要があるといえます。

3　診断書の提出を拒む休職従業員に対して

　そこで、当該従業員に対してですが、基本的には、就業可能との診断書が出てこない限りは、会社としては復職を認めることはできませんし、そのまま休職期間満了時に至れば、当然退職の手続をとることとなるでしょう。裁判例をみても、たとえば大建工業事件（大阪地決平成15・4・16労判849号35頁）は、休職期間満了時に休職者が提出してきた就業可能との診断書の信用

性に合理的な疑問がある場合には、復帰可能状態とは認められず退職扱いは適法であるとしています。したがって、そもそも診断書の提出自体がない場合は、退職手続をとることが原則と解されます。ただし、それまでに、事前に、明確な注意喚起（一定時点までに就業可能の診断書を出さなければ退職扱いとなってしまうこと）を書面（【文例3】参照）にて行うことが必須でしょう。また、可能性の話ではありますが、診断書は出さないが診断により所見は出すという医師もいるかもしれませんので、当該従業員に対し、診断書を出せないならば、その主治医に会社の担当者が面談して所見を聴取することにつき当該労働者が同意するように、当該労働者に要請することも必要でしょう。このような主治医への面談・所見聴取のために一定の手続・時間が必要な場合には、当初の休職満了期間を延期するという配慮もあり得ます。

　これらの努力を会社が行ったにもかかわらず、当該労働者より診断書も出さず、主治医への面談にも同意しないのであれば、前述のとおり、当然退職の手続をとらざるを得ないでしょう。

　ちなみに、J学園事件（東京地判平成22・3・24労判1008号35頁）は、うつ病（私傷病）により休職していた教員が、休職期間終了により復職したものの復職後の職務遂行に問題があるとして解雇された事案ですが、学校側の人事担当者が当該教員の退職の当否の検討にあたり、当該教員の主治医に対して、一度も問い合わせ等をしなかったことについて、裁判所は「現代のメンタルヘルス対策の在り方として、不備なものといわざるを得ない」と判示して、解雇を認めませんでした。

☞ 弁護士からのアドバイス

　メンタルヘルスに限らず、傷病の有無・程度に関しては、専門医の診断書をもとに判断するしかなく、復職の可否（就業の可否）についても同様です。実務の経験では、通常、患者に応対している医師は、比較的簡単に（人によっては安易に）就業可能との診断書を出す傾向が、特にメンタルヘルスの場合には多くみられるように感じます。したがって、休職中の従業員が、それでもあえ

て診断書を出してこないような場合、多くの場合は、就業可能な状態にはないとの心証をもたざるを得ないと思われます。

【文例3】 休職期間満了通知書

令和○年○月○日

休職期間満了通知書

○　○　○　○　殿

○○○○株式会社

人事部長　　○　○　○　○

　貴殿は、令和○年○月○日、当社より私傷病により休職発令を受けておりますが、その時にもお知らせの通り、平成○年○月○日までに、私傷病が治癒し復職することがなければ、当社を退職することとなります。

　つきましては、それまでに復職を希望される場合には、貴殿が当社での就業（原則として貴殿の休職前の業務につき）が可能であることを証する専門医の診断書を添えて、復職を希望する旨の申出を当社に提出してください。

【就業規則の適用条項】

当社就業規則第○条○項、同第○条○項、同第○条○項。

以　上

Q4　傷病休職の従業員に対する復職の可否（就業の可否）の判断について複数の医師の判断が分かれる場合の対応

設例　メンタルヘルスの不調により傷病（私傷病）休職していた従業員が、休職期間満了の近くになって、回復したので復職したいとの申出がありました。しかし、その従業員の主治医は「就業可能」との判断なのですが、産業医に診断させたところ、「就業不能」との回答がありました。会社としては、どのように対応すべききでしょうか。

ここが Point

(1)　メンタルヘルスについての診断は、専門医によって異なることは少なくない。

(2)　専門医によって判断が異なった場合、安易に一方の判断に依拠することなく、また、場合によっては第3の専門医の判断をもらうなど、一定の考慮が必要である。

1　傷病休職からの復帰と医師の判断

　傷病休職からの復職には、通常の業務（原則として休職以前の業務）を普通に遂行できる程度に、傷病より回復していなければなりません。また、その傷病休職者が復職可能か否か（就業可能にまで回復したか否か）の判断については、専門医による診断（多くの場合は診断書）をもとに行うべきであることも、本章Q3にて述べたとおりです。

　本設例の問題は、その就業可能か否かの判断の基礎とすべき専門医の診断が医師ごとに異なる結果となった場合についてです。再々述べているよう

に、メンタルヘルスは、いわゆる体の病気よりも疾病の有無・程度について
はるかに不明瞭な場合が多く、実務において、一人のメンタルヘルスの不調
者についての診断について、このように医師ごとに異なってしまう例は、現
状では日常的にみられる事象であるといって過言ではありません。

2　異なる結果の診断書がでた場合の対応

　こうした場合、まずリスクが高いのが、一方の診断だけに無条件に依拠し
て対応することです。たとえば、会社として、設例の従業員（以下、「当該従
業員」といいます）の復職を認めることに労務上リスクがあると懸念される
場合、設例でいう産業医の判断だけを単純に採用して、当該従業員は就業不
能であると判断し、休職期間満了をもって退職または解雇の措置をとると
いった対応です。確かに、特に相当規模の会社の産業医ともなれば、比較的
社会的評価も高い医師であることも多く、しかも、往々にして産業医は会社
の業務内容（当該従業員の業務内容も含めて）を、主治医よりよく知っている
場合が多いでしょうから、無条件に産業医の判断を採用したくなる心情は理
解できますが、産業医の判断に偏重した対処は危険です。

　こうした見地より、一番単純な方法は、主治医、産業医に続いて、第3の
専門医より、サード・オピニオンを聴取し、そのサード・オピニオンが就業
の可否いずれに判断するかをもって、会社の対応を決める方法です。ただ
し、端的にいえば、この第3の専門医には、まさに結論を決する判断をして
もらうわけですので、会社や当該従業員を含め、社会一般的な目でみても、
その判断に納得しやすいような専門医（中立性と社会的評価の点が重要になる
でしょう）を選択されるのが妥当です。

　また、サード・オピニオンをとらない場合、少なくとも当該従業員の主治
医による就業可能との判断を採用しないのであれば、当該主治医に対し、そ
の判断の根拠、判断の前提となった事実認識（が適正であるか否か）を聴取
し、その信頼性を確認する手続が必要です。そこで、信頼性が低い、となれ
ば、主治医の診断を採用しない方向に働きます。裁判例でも、日本通運（休
職命令・退職）事件（東京地判平成23・2・25労判1028号56頁）は、本設例と同

様に、休職者の主治医から就業可能との診断書が出ていた事案について、会社側（産業医）より主治医に対する事情聴取を行った結果、主治医の診断に疑問をもった会社側（産業医）の判断は適正であり、会社による休職者の退職扱いは適法であるとしています。

　なお、そのほかの裁判例としては、東京電力パワーグリッド事件判決（東京地判平成29・11・30労判1189号67頁）も、休職者の主治医は就労可能と判断していた事例で、必ずしも職場の実情や休職労働者の職場での状況を考慮したうえでの判断ではないとされ、産業医の判断に沿い、休職満了時には就労不能であったとの会社判断（それによる退職扱い）を適法としています。もっとも、常に産業医の意見が優越するというわけではなく、ワークスアプリケーションズ事件（東京地判平成26・8・20労判1111号84頁）などは、産業医が休職者との面談の際に、その診察の具体的内容を口頭で説明していないこと等を理由に、産業医の意見は採用できないとしているので、注意が必要です。

3　サード・オピニオンを聴取する場合の注意点

　サード・オピニオンを聴取する場合、その第3の専門医にしても、会社の業務、当該従業員が従事していた業務、従事させる余地のある業務についてよく知らないのが当然ですから、その判断を聴取するに先立って、会社の業務、当該従業員が従事していた業務、従事させる余地のある業務といったものの内容を理解してもらう必要がありますし、そうでなければ、まさに、就「業」の可否の実質的な判断はできないのは当然です。

　また、従業員によっては、会社の指定した第3の専門医の診断を受けたくないという者もいるでしょう。その場合は、第3の専門医の診断を受けることを忌避するのにどのような理由があるのか（自らの回復度合いに自信があるのであれば、中立的かつ社会的評価のある第3の専門医の診断を受けてしかるべきでしょうから）を尋ねつつ、説得を行うこととなるでしょう。その意味でも、2で述べたとおり、第3の専門医には、中立性とある程度の社会的評価が必要でしょう。それでも、あくまで、当該従業員が第3の専門医による診

断を拒否する場合には、本章Q5にて後述するような主治医への面談・意見聴取を行いつつ、最終的には、その主治医の診断と産業医の診断のいずれかの信頼性が高いかを判断せざるを得ません。むろん当該従業員が、産業医等による主治医への面談に同意しないような場合は、当該従業員の不同意は、主治医の診断の信頼性を低下させる一事情として考慮すべきでしょう。

☞ 弁護士からのアドバイス

　設例のような場合、少なくとも、主治医の診断を、何の検証も、あるいはサード・オピニオンも経ずに採用しないことには、大きなリスクがあります。メンタルヘルスにおける人事措置（退職扱いもそれに含まれます）の判断は、常に、専門医の判断を尊重する（少なくとも軽視しない）という姿勢は必須です。主治医への事情聴取については、同じ医師である産業医が行うのが適切ですが、その産業医の事情聴取が効果的なものとなるためには、会社の人事担当者の協力（たとえば、事実関係を産業医によく理解してもらう）が必要です。

Q5　休職中の従業員が提出した診断書に疑問があるときの対応

 設例　メンタルヘルスの不調により傷病（私傷病）休職していた従業員が、休職期間満了の近くになって、回復したので復職したいとの申出がありました。その従業員が提出した主治医の診断書には就業可能となっているのですが、人事担当者が一見しても、その従業員は、受け答えからして回復したとは思えません。しかも、その従業員の従事していた業務は営業で対人関係上のストレスもあり、接客などの必要上、労働時間も不規則なときがあります。

会社としては、その主治医の診断書に疑問をもっているのですが、どのように対応したらよいでしょうか。

ここが P oint

(1) メンタルヘルスの問題については、患者（休職中の従業員）の意に迎合したり、業務の内容をよく知らないで作成されてしまう医師の診断書もみられることがある。

(2) 会社として、明らかに疑問をもたざるを得ない診断書が提出された場合は、他の会社指定医の診断を要請するか、診断書を作成した医師に対する面談を実施するのが妥当である。

1　傷病休職からの復職における診断（診断書）の重要性およびメンタルヘルスにおける診断書の問題点

本章Q1で述べたとおり、傷病休職からの復職には、通常の業務（原則と

して休職以前の業務）を普通に遂行できる程度に、傷病より回復していなければならず、その傷病休職者が復職可能か否か（就業可能にまで回復したか否か）の判断については、専門医による診断をもとに行わなければなりません。

　しかし、特にメンタルヘルスの問題においては、その傷病の有無・程度の判断が必ずしも容易ではなく、専門医ごとに診断結果が分かれることが珍しくないのみならず、そもそも専門医の判断自体が、必ずしもそれに依拠できる場合ばかりではないのが現実です。このような実情は、少なくない裁判例においても考慮されており、たとえば、医師が本心では復職は時期尚早と考えていたところ、休職中の従業員より是が非でもと言われたことによりその従業員につき職場復帰可能との診断書を書いたとの経緯を認定した裁判例（東京地判平成22・3・24労判1008号35頁・Ｊ学園事件）や、医師が休職中の従業員が就業できる旨の証明書を作成したところ、その医師がその休職中の従業員の業務をどのように理解していたか不明であること等より、会社側がその証明書のみをもってその従業員の復職の可否を判断できないとしたことを認めた裁判例（大阪地決平成15・4・16労判849号35頁・大建工業事件）などがあります。

2　主治医の診断（診断書）に疑問がある場合における主治医との面談

　1で述べたように、殊にメンタルヘルスの問題においては、専門医の診断は、尊重されるべきものであることは当然ですが、必ずしも絶対的なものではないところがあります。したがって、設例の従業員（以下、「当該従業員」といいます）の提出した診断書についても、会社として疑問を拭えない場合には、その妥当性を確かめることが肝要です。

　その場合、次のような方策が考えられます。これらは、いずれか一方を選ばなければならないというものではありません。

①　他の会社指定医の診断を受けること。この場合、産業医の診断の場合もあり得ます。

　②　主治医に面談し、診断に至る事情等を確認する（【文例4】参照）。

　診断した医師への事情聴取は、【文例4】のような会社担当者との面談の場合のほかに、産業医からの質問といった方法もあります。

　もちろん、復職を申し出てきた従業員の様子からして、業務遂行に問題なしと判断できる場合は、あえてこうした要請を出す必要はありません。

　注意すべきは、いずれも前提として当該従業員の同意が必要なことです（①はもちろんですが、②も必要です）。ただし、まず①についていえば、労働者の医師選択の自由の点で若干の議論はあり得ますが、会社指定医の診断を受けたからといって労働者が自らの選んだ医師の診断を受けられなくなるということではないので、当該従業員が①を拒んだ場合、拒むのに合理的理由がなければ、少なくとも主治医の診断書の信頼性によりマイナスの評価を与える材料にはなし得ると思われます。また、②についていえば、自ら持参した診断書を作成した医師に対して会社の担当者を面談させないというのは、それ自体、やや合理性がない行為といわざるを得ず、このような場合、当該従業員が提出した診断書の信頼性は大きく低下せざるを得ないと考えます。

　なお、②につき当該従業員が同意した場合の対応ですが、主治医は、往々にして自らの患者（本設例の場合では当該従業員）の説明しか判断材料の基礎となる情報を有していないことが多いので、会社が主治医と面談するに際しては、会社と当該従業員の客観的情報、特に会社の業務、従業員の従前の業務および配属し得る部署の業務の内容について、具体的に説明する準備を行って臨むことが肝要でしょう。

　厚生労働省のガイドライン「改訂　心の健康問題により休業した労働者の職場復帰支援の手引き」には、会社の産業医から復職をめざす従業員の主治医あてに出す「職場復帰支援に関する情報提供依頼書」の様式例が掲載されていますので、参考にしてください（【文例5】参照）。

☞ 弁護士からのアドバイス

　実務の経験からいうと、休職中の従業員の主治医による「就業可能」との診断書は、実務において、意外と簡単・安易に出される感があります。従業員にとっては、そのような診断書をもらわなければ休職期間満了によって退職または解雇となるおそれがあり、そのように説明されれば、従業員の意に沿うように診断書を作成してしまう専門医も少なくないものと思われます。専門医の診断書は尊重すべきではありますが、だからといって、無批判に受け入れてしまうことのないように心がけることも必要です。

【文例4】　従業員が受診した専門医との面談要請書

令和○年○月○日

要　　請　　書

○　○　○　○　殿

○○○○株式会社
人事部長　　○　○　○　○

　貴殿は当社に対し、貴殿が受診した専門医○○○○先生による令和○年○月○日付診断書を提出しており、その診断書には、貴殿が就業可能である旨が記載されております。

　つきましては、貴殿の復職の可否につき適正な判断を行うべく、当社担当者が上記専門医と面談したうえで、その診断の内容、基礎となった事由につき、お話をお聞きしたく存じております。

　そこで、貴殿には、当社担当者による上記専門医との面談につき、同意くださるよう、要請いたします（添付の同意書に署名、押印のうえ、当社に返付してください）。

以　上

（注）　休職中の従業員が復職を希望するにあたり、その受診した医師（主に主治医）の「就業可」との診断書を提出することが多いのですが、その医師が、当該従業員の業務、会社の業務内容を適切に認識しているとは限りませんの

145

で、このような要請を行い、その医師の診断の基礎となった事情を聞くことが有用な場合は少なくありません。

【文例5】　職場復帰支援に関する情報提供依頼書

年　　月　　日

職場復帰支援に関する情報提供依頼書

病院
クリニック○○先生　御机下

〒
○○株式会社　　○○事業場
産業医　　　　　　　　印
電話　○－○－○

　下記1の弊社従業員の職場復帰支援に際し、下記2の情報提供依頼事項について任意書式の文書により情報提供及びご意見をいただければと存じます。
　なお、いただいた情報は、本人の職場復帰を支援する目的のみに使用され、プライバシーには十分配慮しながら産業医が責任を持って管理いたします。
　今後とも弊社の健康管理活動へのご協力をよろしくお願い申し上げます。

記

1　従業員
氏　　名　　○　○　○　○　（男・女）
生年月日　　　年　　　月　　　日

2　情報提供依頼事項
　(1)　発症から初診までの経過
　(2)　治療経過
　(3)　現在の状態（業務に影響を与える症状及び薬の副作用の可能性なども
　　　含めて）
　(4)　就業上の配慮に関するご意見（疾患の再燃・再発防止のために必要な
　　　注意事項など）
　(5)
　(6)

(7)

> （本人記入）
> 私は本情報提供依頼書に関する説明を受け、情報提供文書の作成並びに産業医への提出について同意します。
> 　　年　　月　　日　　　　　氏名　　　　　　　　　　　　印

Q6 休職していた従業員を復職させる場合、どの業務に復帰させるべきか、あるいは復帰させることができるのか

設例　今般、メンタルヘルスの不調により傷病休職していた従業員を復職させることにしたのですが、会社としては本人の負担軽減を考えて、より軽易な業務に配属しようとしたところ、その従業員より拒否されました。

従業員を復職させる場合は、休職前に属していた業務に復帰させなければならないのでしょうか。

ここがPoint

(1) 傷病休職していた従業員の復職の可否は、原則、休職前の業務が普通に遂行できるかが基準となるが、だからといって、復職先を休職前の業務に限定して解さなければならないとは限らない（その従業員の職場・業務が労働契約上限定されているか否かによる）。

(2) 設例のように、軽易な業務に就けたいような場合は、復職前に試し出勤（リハビリ出社・リハビリ出勤）を採用するのが好ましい。

1　傷病休職していた従業員の復職先

本章Q1等で述べたとおり、傷病休職している従業員の復職の可否（就業の可否）を判断する際においては、休職期間満了時までに、休職前の業務を普通に遂行することができるか否かを基準にするのが原則です。

しかし、この原則は、あくまで、傷病休職からの復職の可否についての基準であって、実際の復職先の業務についてまで、この基準に拘束されるとす

るには論理的理由がありません。加えて、たとえば、仮に、傷病休職より復帰する従業員の復帰先の業務が上記基準により拘束されるとして、いったん、その従業員の復職先を復職前の休職前の職場・業務にしたとしても、その直後に、会社がその従業員を他の職場・業務に配転したような場合、結局は、会社がその従業員に対して、会社内の職場・業務への配転権を有するケースであれば、その従業員は会社が命じた新しい職場・業務へと移るわけですから、休職後の復帰先について、冒頭で述べた基準により拘束されるとすることにつき実質的な理由（実務的意味）も見出せないでしょう。

　したがって、傷病休職から復職する場合の復職先の職場・業務については、その従業員に対する会社の配転権の有無・範囲によって決せられることとなります。具体的には、その従業員が一般的な正社員のように、労働契約上職場・業務を特定されていない従業員である場合は、復職先は原則として会社の裁量で決定することができますし、労働契約上職場・業務が特定されている従業員である場合には、やはり休職前の職場・業務に復職させるしかないということとなります。

　ただし、後者の場合、休職中に、その従業員が属していた職場・業務がなくなってしまったような場合は、会社としては、その従業員に対して他の職場・部署への転属を申し入れ（その性格は、労働契約上定められている職場・業務内容の変更の申出と解されるでしょう）、それにもかかわらず、その従業員が上記転属を承諾しない場合には、労働契約の終了（解雇もしくは雇止め）を行うほかにはないでしょう（詳細は本章Q8参照）。

2　試し出勤（リハビリ出社・リハビリ出勤）の効用とその条件

　本設例のように、会社としては、従業員を復職させるにあたり、直ちに休職前の業務に復帰させるには不安を感じることも少なくないと思われます。その場合は、試し出勤（リハビリ出社・リハビリ出勤）を命じ、一定期間様子をみる、という施策が考えられます。リハビリ出社・リハビリ出勤の詳細につきましては、第7章に譲りますが、リハビリ出社・リハビリ出勤は休職中に実施されるのが一般かつ妥当ですので、これを行う場合には、状況によっ

ては休職期間を延長することも必要でしょう。

　もっとも、従業員によっては、定められた期間以上に休職を延長させられることに同意しない者もいると思われます（通常、休職期間中は無給ですので、休職期間を延長することは、その無給期間が延長するという不利益を伴います）。そのような場合は、厚生労働省が2009（平成21）年・2012（同24）年に改訂した「改訂　心の健康問題により休業した労働者の職場復帰支援の手引き〜メンタルヘルス対策における職場復帰支援〜」においても、リハビリ出社・リハビリ出勤の重要性・有用性が示されていること等をもとに、極力その従業員を説得することになりますが、それでも説得に応じない場合は、休職前のレベルに達していないとしてその時点では復職を認めないといった措置がとるか、その措置がとれないときには、やはり、休職前の業務もしくはそれに類する（同レベルの）業務を命じるほかにはないでしょう（その場合、業務負荷により就業が難しくなれば、再休職を検討することとなります）。

☞ 弁護士からのアドバイス

　メンタルヘルスの不調は、完全な治癒というのはなかなか難しく、再発することが多いようです。ですから、会社としては、復職においても慎重を期し、直ちに休職前の業務を与えることを避けたいという判断も多いところです。この場合、解説のようにリハビリ出社・リハビリ出勤（場合によっては休職を延長してでも）が有用であり、それを円滑に行うには、その場合の手順、効果（従業員の処遇について等）についての対応をあらかじめ定めておくのも有効です。

Ｑ７　メンタルの不調により休職していた従業員の復職に関する周囲への配慮

設例　メンタルヘルスの不調により傷病休職（私傷病）していた従業員がいるのですが、今般、この従業員を復職させることとなりました。しかし、いつこの従業員が病気を再発させるか、たいへん不安です。会社としては、この従業員が復職する部署の従業員に対して、どのような説明なり準備なりをしておくのがよいでしょうか。

ここがＰoint

(1)　メンタルヘルスの不調者の復職に際しては、使用者の労働者に対する安全配慮義務の履行という見地より、一定期間、就業時間、日数、業務内容について配慮をなす必要がある。

(2)　上述の配慮を行うには、復職する部署の他の従業員に対し、メンタルヘルスの不調からの復職である旨の説明を行うことが望ましいが、責任者（上長）はともかく、他の従業員に対する説明は、復職者の同意なくして行うのは、プライバシーの見地からはなるべく避けるべきである。

1　使用者の安全配慮義務とメンタルヘルスの不調者の復職

　使用者（会社）はその雇用する労働者（従業員）に対し、労働者が労務提供するに際して、その労働者の生命および身体等を危険から保護する配慮をすべき義務（安全配慮義務）を労働契約上の義務として負っています（労契法５条）（最判昭和59・4・10労判429号12頁・川義事件）。したがって、設例の従業員（以下、「当該従業員」といいます）が復職するに際して、当該従業員

がスムースに復帰し、できるだけメンタルヘルスの不調を再発することがないように取り計らうことが必要です。

　具体的には、当該従業員の復職後の勤務状態（体調の状態）に留意すると同時に、業務遂行においても一定の配慮が必要です。たとえば、少なくとも復職後しばらくの間（1～2ヵ月）は、時間外労働・休日労働・深夜労働、出張、出向（あまり例をみませんが）といった勤務はなるべく控えるような配慮をすると同時に、ストレスの大きい仕事（たとえば、気むずかしい顧客への対応等）を回避することが望ましいところです。ただし、こうした留意、配慮は、当然ながら、同じ部署の他の従業員たちに比較して違う扱いをするわけですので、当該従業員に対する精神的負担、簡単にいえば他の従業員たちに対する負い目を軽減・緩和するためには、他の従業員たちが当該従業員がメンタルヘルスの不調から回復して復職してきた事実を認識し、そのために、若干、自分たちとは違った業務状態にならざるを得ないことへの理解を得ることが望ましいこととなります。

2　同僚たちへの説明と当該従業員のプライバシー

　1で述べたとおり、当該従業員のようなメンタルヘルスの不調者の復職には同部署の他の従業員の認識と理解が重要なのですが、こうした理解を得るためには、当該従業員のメンタルヘルスの不調およびそこからの復帰であること、その円滑な復帰のためには一定の配慮は不可欠であること等について、他の従業員に対してある程度の説明を行うことが大変有効となります。しかし、メンタルヘルスの不調に対する社会一般の認識は、まだ難しい面もあり、当該従業員としては、自らがメンタルヘルスの不調者であったことを公開されたくはないという思いが強い場合もあります。

　こうした当該従業員のプライバシーに鑑みれば、会社（人事担当者）としては、当該従業員に無断で、当該従業員のメンタル不調の事実を、同部署の他の従業員に説明することは避けるべきでしょう。すなわち、実際に当該従業員の復職後にその業務について配慮の措置をとらなければならない同部署の責任者（上長）に対してはともかく、責任者以外の従業員に対しては、当

該従業員の同意なくして上述の説明を行うことは避けるべきです。それこそ、当該従業員の同意なくして説明を行った後に、その説明の事実が当該従業員に発覚すれば、会社が信頼を失うのみならず、当該従業員のメンタルヘルスの不調が再発・悪化し、会社がその責任を負うなどということにもなりかねません。したがって、できるだけ当該従業員を説得し、合意を得たうえで、他の従業員に対し、当該従業員の復職直後の業務遂行能力、就業時間等を説明することが望ましいでしょう。

☞ 弁護士からのアドバイス

　メンタルヘルスの不調といった心の病は、その治癒、復帰も容易ではない面もありますが、内臓疾患・外傷といった体の病と比較しても、経験則上、傷病として再発することが多いという現実があります。現状の医学においては、その円滑、効果的な職場復帰（復職）を期するためには、適切な対策を講じることが求められます。もっとも、周囲の配慮と理解によって、復職後、円滑に業務に従事し続ける労働者も決して少なくなく、そのためにも、メンタルヘルスの不調に対する全社的な理解を高めるべく、常日頃の研修、教導といった日常の努力が必要とされる時代になっていると思われます。

Q8　メンタルヘルスの不調より復職する従業員の復職部署

設例

　今般、メンタルヘルスの不調により傷病休職（私傷病）していた従業員が復職することとなりました。しかし、会社は中小企業で、部署ごとに多くの人員が必要なわけではなかったうえに、昨今の不況下で、復職してくる従業員の属していた部署は人員を削減してしまっており、新たにその従業員を受け入れる余地がなくなっています。それでも、会社としては、その従業員を受け入れなくてはならないのでしょうか。他の部署で受け入れてもよいのでしょうか。

> (1)　傷病休職していた従業員の復職先の指定の可否は、その従業員が、職場・業務の特定がされていた従業員であるか否かによって異なる。
> (2)　その従業員が、職場・業務の特定がされていない従業員であれば、原則として、他の部署をもって復職させることができるが、少なくとも復職時においては、メンタルヘルスの不調を抱えたことのある従業員であることを考慮する必要がある。

1　傷病休職していた従業員の復職先の指定

　本章Q1でも述べたとおり、傷病休職している従業員の復職の可否（就業の可否）を判断するにおいては、休職期間満了時までに、休職前の業務を普通に遂行することができるか否かを基準にするのが原則ですが、使用者が復職を認める以上、復職者の実際の復職先の業務についてまで、この基準に拘

束されるとする理由はありません。あえていえば、設例の従業員（以下、「当該従業員」といいます）に対する会社の配転権の有無、その範囲の問題として考えるのが筋となります。

　したがって、当該従業員が一般的な正社員のように、労働契約上、職場・業務を特定されていない従業員である場合は、復職先は原則として会社の裁量で決定することができますし、労働契約上、職場・業務が特定されている従業員である場合には、原則として休職前の職場・業務に復職させることとなります。

2　当該従業員の職場・業務が特定されていない場合

　当該従業員が職場・業務の限定されていない労働契約である場合（多くは正社員の場合）は、原則、会社の裁量で復職先を決定できますが、この場合、当該従業員にとっては、就業する職場が復職前の部署から復職先の新しい部署に移るわけですから、広い意味での配転権の行使と同様に解釈するのが妥当と考えます。配転権の行使は、当該配転命令の業務上の必要性に比し、その命令がもたらす労働者の職業上ないし生活上の不利益が不釣り合いに大きい場合には権利濫用となりますが（菅野和夫『労働法〔第12版〕』731頁）、本設例のような場合に考慮する必要があるのは、当該従業員がメンタルヘルスの不調からの復職者であることです。

　即ち、復職先の部署が、日ごとの繁閑の差が大きかったり就業時間が不規則であったり等で、精神的負荷が大きな部署で、いったん心身に不調を来した履歴のある復職者にとっては問題が大きいと思われるような場合には、通常の従業員にとっては問題のない配転先であっても、当該従業員の復職先としては問題がある（すなわち、そのような部署への当該従業員の復職命令は無効である）と解される場合も出てくるでしょう。

　なお、復職後の業務変更と賃金引下げの問題については第7章Q6を参照してください。

3　当該従業員の職場・業務が特定されている場合

　労働契約上、職場・業務が特定されている従業員である場合には、当該従業員は、原則として休職前の部署に復職させることになります（むろん、当該従業員の同意の下、他の部署を復職先とすることは可能です）。ですから、休職中に本設例のような、当該従業員が属していた部署の必要人員が減少してしまい、人員上受け入れる余地がなくなっているような場合、他の従業員と当該従業員とのいずれを優先してその部署に残すべきかが問題となってきます。

　一般論で考えれば、その部署にいる他の社員が、職場・業務を限定されていない従業員である場合は、限定されていない他の社員を他の部署に配転することで雇用確保を図るのが筋となるでしょうが（この場合、全社的に人員が余剰している場合には、全社単位での人員削減～整理解雇の問題となります）、その部署にいる他の社員も全員、職場・業務を限定されている場合は、その部署の中で、人員削減を図ることとなり、整理解雇としての適法性を勘案しつつ対応するほかにはありません。

> ☞ **弁護士からのアドバイス**
>
> 　不況下では、メンタルヘルスの不調者に限らず、傷病休職からの復職者の職場確保に困る会社も少なくないと思われます。しかし、当然ながら、復職者についても会社従業員として他の従業員と同様の雇用維持の配慮をしなければなりません。

Q9　メンタルヘルスの不調による傷病休職期間が満了しても治癒しないために、自然退職とする（もしくは解雇する）場合に留意すべき点

 設例　当社に、メンタルヘルスの不調により傷病休職となっていた従業員がおりますが、就業規則所定の休職期間が満了となっても、休職前の業務ができない状態であるため、退職扱いにしようと思っています。このような場合、会社として気を付けなければならないことはどのような点でしょうか。

ここが Point

（1）　メンタルヘルスの不調により傷病休職していた者につき、休職期間が満了となった際に、就業規則に従って自然退職または解雇する場合には、留意しなければならない点は多い。

（2）　留意すべき点で、一点でも問題があれば、自然退職または解雇の措置の正当性が揺らぐ可能性がある。

1　そもそもメンタルヘルスの不調が業務上生じたものであるか、私傷病であるか

メンタルヘルスの不調による休職も傷病休職には違いありませんが、その傷病が業務上生じたものであれば、その傷病の療養中の従業員（以下、「当該従業員」といいます）を解雇することはできません（労基法19条）。したがって、業務上の傷病を理由に、当該従業員を退職させたり、解雇したりといったように、雇用を終了させるような措置をとることはできないということとなります。詳細は第8章Q1等を参照してください。

　なお、実務上は、メンタルヘルスの不調が業務上生じたものであるか否かについて、休職期間満了間近に検討を始めるのは泥縄的対応といわざるを得ず、傷病休職に入ってから速やかに行うのが必須でしょう。

2　就業規則上、自然退職の扱いとなっているか、解雇の扱いとなっているか

　傷病休職については、一定の休職期間が定められているのが通常ですが、それを徒過しても、なお業務に復帰できない場合に、当該従業員が自然退職となるのか、解雇となるのかについては、それぞれの会社の就業規則の規定によって異なります。就業規則上、自然退職となっていれば解雇の手続は要りませんが、解雇となっていれば、解雇の意思表示をしなければなりませんし、解雇より30日前に解雇予告を行うか、解雇予告手当（30日以上の平均賃金）を支払って解雇しなければなりません（労基法20条）。

3　短期間、軽作業に従事する期間を経れば、通常業務に復帰できる見込みがあるか否か。また、休職前の業務以外の業務に復帰させる業務を検討する必要があるか否か（その前提として、業務の特定した従業員であるか否か）

　本章Ｑ１で述べたとおり、傷病で休職していた者の復職の可否は、休職期間満了時までに「従前の職務を通常の程度に行える健康状態に復した」といえるかどうかで判断されますから（浦和地判昭和40・12・16労判15号6頁・平仙レース懲戒解雇事件）、休職期間満了時点までに、休職前の業務が普通に遂行できる程度に回復していることが認められないのであれば、復職は認められないこととなるのが大原則です。しかし、本章Ｑ２のとおり、休職期間満了時において、短期間猶予して軽作業を行えば復帰の見込みがあるような場合、あるいは、業務を特定していない従業員であれば、会社および当該従業員にとって現実的（常識的）な配転の範囲内で当該従業員が普通にこなすことができる業務がある場合、いずれも復職を認めないで自然退職扱い（あるいは解雇）するのは、会社の対応が正当でないとされる可能性もあります。

4 就業不能であることの判断に不安はないか

　傷病の中でも、特にメンタルヘルスの不調は、判断する人によって判断（特に傷病の程度）が分かれやすい傾向がありますので、当該従業員が就業できないことについて、専門医の診断書の裏づけをしっかり確保することが肝要です（本章Q3参照）。加えて、メンタルヘルスは医師によっても見解が分かれることが珍しくないので、そのような場合、「就業可能」としている診断書の判断を簡単に否定することなく、そのような診断書を作成した医師（多くの場合は、当該従業員の主治医）への意見聴取、別の医師によるセカンド・オピニオン、サード・オピニオンの聴取といった慎重な手続が必要です（本章Q4参照）。

☞ 弁護士からのアドバイス

　昨今のようにメンタルヘルスの問題が激増する以前より、傷病休職の期間満了に伴う雇用終了については、多くの紛争が生じてきたところですが、当該従業員にとっては失職を意味するわけですから、これに対応する会社としては、一般的に従業員を解雇する場合と同様の慎重さをもって、その法的リスクを検討することが必要です。近時、長時間労働、パワーハラスメントといった、業務とメンタルヘルスとの関連性を裏づける事象が社会的に公知の知識となり、法律も制定されていることからすれば、なおさらのことといえます。

第 7 章

復職に際しての留意点等

I　試し出勤（リハビリ出社・リハビリ出勤）

Q1　試し出勤（リハビリ出社・リハビリ出勤）制度の内容

設例　　当社には現在、メンタルヘルスの不調により傷病休職している従業員がおります。本人は復職を希望しているのですが、会社としては、きちんと以前のように業務がこなせるか否か、不安に思っています。そのような中、試し出勤（リハビリ出社・リハビリ出勤）という言葉を聞きました。会社としては、積極的にこれを活用したいのですが、どのような内容の措置（制度）なのでしょうか。

(1)　試し出勤（リハビリ出社・リハビリ出勤）は、通常、傷病休職中の従業員の復職を円滑に行うべく、みなし出社・出勤をさせる措置である。

(2)　殊に、メンタルヘルスの不調は、いったん治癒、回復しても再発することも多く、会社にとっても、療養から一足飛びに休職前の業務に復帰させてそれが不調であった場合に生じる業務上の不安定を避けるのに有用である。ただし、就業規則等で義務づけられていなければ、会社として、リハビリ出社・リハビリ出勤を認めなければならないということはない。

1　メンタルヘルスの不調からの回復に有用な様子見

　メンタルヘルスの不調は、内臓疾患・外傷といったいわゆる体の病気と異なり、いったん、治癒もしくは回復しても再発することも多く、会社としても、メンタルヘルスの不調に陥った者より復職を希望されても、はたして本当に業務を任せることができるのかを慎重に見極めたいということが多いでしょう。一方、メンタルヘルスの不調者の側からみても、休職状態から一足飛びに休職前の業務を任せられるよりも、徐々に、心身を慣らしつつ休職前の状態に戻っていくほうが、より復帰に有用であることも多いでしょう。このような会社、従業員双方の必要性に鑑み、最近、殊にメンタルヘルスの不調からの復職に際して、直ちに従前の業務に復帰させるのではなく、リハビリ出社、あるいはリハビリ出勤といった、いわば休職前の状態への復帰（つまりは復職）のための慣らしを行うことが増えてきています。こうしたリハビリ出社、リハビリ出勤等は、法的に会社に義務づけられているものではありませんが、使用者が労働者に負う安全配慮義務（労契法5条）の一環としてとらえることもできます。

　現に、厚生労働省のガイドライン「改訂　心の健康問題により休業した労働者の職場復帰支援の手引き」（2004〔平成16〕年策定、2009〔同21〕年、2012〔同24〕年改訂）においても、リハビリ出社・リハビリ出勤の重要性・有用性が示されています。

　なお、リハビリ出社もリハビリ出勤も、上述のように、傷病休職中の従業員を休職扱いのまま行われるのが一般ですが、リハビリ出社の場合は、その従業員は出社はするものの会社内で業務をすることもなく、出社後すぐに帰ったり、一定時間自由に過ごした後（読書なり、自分で決めた課題なりをして過ごすことが多いようです）退社するといったものですが、リハビリ出勤の場合は、一応、一定の軽作業に従事することとなりますので、その扱いはかなり異なります（詳細は本章Q2参照）。

2　リハビリ出社・リハビリ出勤は会社にとって義務か否か

　1で述べたとおり、リハビリ出社・リハビリ出勤は、メンタルヘルスの不調者の円滑な業務復帰には有用なところがあるのですが、就業規則等（第9章7参照）の中に、傷病休職者の権利（または会社の義務）として規定されているような場合を除けば、会社がリハビリ出社・リハビリ出勤を認めなければならないという法律上の規定はありません。リハビリ出社・リハビリ出勤には、本章Q2あるいは後述3のように、ある程度の問題点、留意点もあり、これを行うのが会社にとって望ましい場合ばかりではないところがあるのも事実です。

3　リハビリ出社・リハビリ出勤を行う際の一般的な手順

　リハビリ出社・リハビリ出勤を行う場合は、その従業員に適した内容のリハビリ出社・リハビリ出勤の内容につき、会社とその従業員との間で協議し、合意したうえで行うことが妥当です。なぜなら、メンタルヘルスに限らず、傷病とはまさに千差万別であり、どの程度のリハビリ出社・リハビリ出勤が本人にとって妥当か（少なくとも無理がないか）は、適宜、その事例ごとに考察される必要があるからです。また、このような協議・合意のプロセスにおいては、専門医、殊に本人の主治医の意見を聴取することも必要であり、仮にその意見を聴取せずに、結果として本人に無理な出社・出勤を設定した場合は、会社としては、いささか軽率とのそしり（ひいては安全配慮義務違背との非難）を免れないでしょう。

　あくまで、実務経験での一般論でいえば、上記の協議、合意においては、リハビリ出社であれば、その期間（1〜2カ月程度が多いようです）、出社の頻度、出社および退社の時刻、出社より退社までに行う作業の有無および内容、過ごす場所等、どの条件を満たさなかった場合に、リハビリ出社を中止して療養に専念する休職に戻すかといったところを、あらかじめ明確にしておくのがよいでしょう。

　リハビリ出勤の結果、就業可能性（復帰可能性）を否定した例として、

NHK（名古屋放送局）事件（名古屋高判平成30・6・26労判1189号51頁）は、リハビリ出勤中、当人がストレスに対して過剰に反応して攻撃的な対応に出てしまうということが再々あり、結局は医師の意見により就業可能性を否定した使用者の判断を適法としています。一方、就業可能性を肯定した例として、綜企画設計事件（東京地判平成28・9・28労判1189号84頁）は、約3カ月の試し出勤を継続中に、医師より就業可能との診断書が出たにもかかわらず、就業不能として会社が解雇した事案につき、会社による解雇の意思表示は権利濫用となり無効となる（労契法16条）としました。また、復帰に向けた試験出社期間中の勤務状況により、休職期間満了時には就労可能ではないとした会社の判断を肯定した例として、日本電気事件（東京地判平成27・7・29労判1124号5頁）もあります。

☞ 弁護士からのアドバイス

　最近、実務においては、メンタルヘルスの不調より復職させる段階において、まずはリハビリ出社・リハビリ出勤によって適正に復職ができるか否かを判断する会社が増えているように思われます。リハビリ段階において、出社なり（軽い）出勤ができないことが判明すれば、休職を継続させ復職を認めないことの正当性について争う余地が少なくなる（少なくとも、会社の判断が認められやすくなる）という効果はあります。

Q 2　試し出勤（リハビリ出社・リハビリ出勤）を行ううえでの注意点

設例　　当社には、現在、メンタルヘルスの不調により傷病休職をしている従業員がいるのですが、このたび、その従業員について、復職前の試し出勤（リハビリ出社・リハビリ出勤）を行うこととなりました。リハビリ出社・リハビリ出勤を行ううえで、会社として注意しなければならないことはどのようなところでしょうか。

(1)　リハビリ出社・リハビリ出勤のうち、リハビリ出勤はあくまで勤務であることに留意する必要がある。

(2)　具体的には、賃金支払義務、労働災害、通勤災害等の適用が問題になることが多い。

1　メンタルヘルスの不調とリハビリ出社・リハビリ出勤

　メンタルヘルスの不調は、内臓疾患・外傷といったいわゆる体の病気と比較して、回復・治癒と悪化・再発を繰り返すことが多いのが特徴の一つです。そのため、休職・療養あるいは復職・業務復帰、といった二者択一的な措置が必ずしも妥当ではない場合も少なくありません。こうしたことから、傷病休職から復職する前の段階において、その中間的な措置として、リハビリ出社およびリハビリ出勤が有用である場合があり、近時、これを取り入れる会社が増加しています。

　繰り返しになりますが、厚生労働省のガイドライン「改訂　心の健康問題により休業した労働者の職場復帰支援の手引き」（2004〔平成16〕年策定、

2009〔同21〕、2012〔同24〕年改訂）においても、リハビリ出社・リハビリ出勤の重要性・有用性が示されています。

2　リハビリ出社とリハビリ出勤の違い（基本的性格）

本章Q1のとおり、リハビリ出社とは、その従業員は出社はするものの会社内で業務をすることもなく、出社後すぐに帰ったり、一定時間自由に過ごした後（読書なり、自分で決めた課題なりをして過ごすことが多いようです）退社するといったものです。

一方、リハビリ出勤の場合は、一定の日時、時間帯で、一定の軽作業に従事するものです。したがって、リハビリ出社は出勤ではありませんが、リハビリ出勤はあくまで勤務ですから、通常の勤務とは異なるもののリハビリ出社とは異なる対応が必要となります。

3　リハビリ出社とリハビリ出勤の開始における主な注意点

(1)　賃金支払義務

まず、リハビリ出社の場合には、勤務ではありませんので、会社側に賃金支払義務が生じません（ただし、リハビリ出社前に何らかの約定をした等のような事情があれば別です）。しかし、リハビリ出勤の場合は、勤務ですから会社に賃金支払義務が生じます。問題は、この賃金額ですが、リハビリ出勤の場合の賃金について就業規則上に特に定めがない場合は、就業規則上の通常の賃金（つまりは、休職前の賃金）を支給する義務が生じると解されるおそれがあります。したがって、最善の方策としては、就業規則上に、リハビリ出勤を行う場合には、その期間の賃金は別途合意により定める旨の条項を入れつつ、リハビリ出勤を行う際に、合意により賃金額を定めるのが妥当と思われます。

具体的な金額としては、時間当たりの通常の賃金の6～7割程度で設定される場合が多く見られるようですが、最低賃金法に違反しない範囲であれば、合意により設定できると解されます。なお、NHK（名古屋放送局）事件（名古屋高判平成30・6・26労判1189号51頁）は、リハビリ出勤（事案では「テ

スト出局」）中、無給扱いとされていましたが、軽易な作業であっても労働基準法11条の規定する「労働」に従事したと解されるような場合には、最低賃金相当額は支払うべきと判示しています。

⑵　労働災害、通勤災害

リハビリ出社は勤務ではありませんので、その出社中および出退社中の自宅と会社との交通経過中の負傷、疾病等は、労働災害や通勤災害の補償の対象にはならないと解されます。一方、リハビリ出勤中に行われる業務は、たとえそれが軽作業であっても業務ですので、その業務中、更にはリハビリ出勤のための自宅と会社との交通経過中の負傷、疾病等は、労働災害や通勤災害の補償の対象となります。

⑶　リハビリ出社・リハビリ出勤の中止

メンタルヘルスの不調者には、リハビリ出社およびリハビリ出勤の途中で、出社、出勤率が低下し、結局、会社が期待していたような回復が認められない場合もありますが、本人としては、回復途上にあると主張し、リハビリ出社および勤務の継続、更には復職のプロセスを希望する場合があります。その場合、回復が認められるか否の判断でトラブルが生じないように、リハビリ出社およびリハビリ出勤を中止して療養専念の休職に戻すか否かを判断する基準をあらかじめ決めておくのが妥当です。具体的にいえば、一定期間中、どれほどの出社率、出勤率を下回ればリハビリ出社を中止するのか、といった定めです。よくみる例をいえば、殊にリハビリ出勤の場合は出勤日数・時間数にもよりますが、8割程度の出社率・出勤率の確保をもって、リハビリ出社および勤務の継続、完了（完了の場合は復職に進むことが多いでしょう）を想定することが多いようです。

☞ **弁護士からのアドバイス**

　実務においては、殊にリハビリ出勤においては、その賃金額を定めることなく、漫然とリハビリ出勤を開始させることがあるように思われます。リハビリ出勤に限らず、こと労働者を雇用・就業する際に、その賃金額の根拠については、常に注意するのが無難でしょう。

Ⅱ 復職後の留意点

Q3 メンタル不調で休職していた社員が復職する際の配慮についての留意点

設例 　当社では、このたび、メンタル不調により半年ほど休職していた社員が、就業に復帰することとなりました。主治医からの診断書では就業可能となっておりますが、一般に、メンタル不調だった者が復帰した後にメンタル不調を再発した例をよく聞きます。このようなメンタル不調者の復帰の際に求められる配慮にはどのようなものがあるのでしょうか。

ここが Point 　厚生労働省より出ている「改訂　心の健康問題により休業した労働者の職場復帰支援の手引き～メンタルヘルス対策における職場復帰支援～」に、復職にあたっての配慮等について一通りの内容が規定されてはいるものの、それを実際の運用上こなす際には、やはり、適宜、専門医との連携が必要であろう。

---

1 メンタル不調（心の病）の特性

　メンタル不調（心の病）が、身体の不調（病）と異なる点の一つとして、いったん良好な状態になったにもかかわらず、後にまた再発することが多いという傾向があります。

　メンタルヘルスの不調も、それが業務に起因する場合とそうでない場合とで、業務上傷病と私傷病とに分かれますが、傷病により就業ができない場

合、多くの会社では、就業規則で規定されている休職に入ることとなります（休職とは、簡単にいえば、会社への在籍を認めつつ就業を猶予する制度のことです）。休職は、傷病が治癒すれば終了してその労働者は職場復帰するのですが、メンタルヘルスの不調は、この職場復帰の後に、傷病が再発することが多いのです。

2　厚生労働省のガイドライン

　1で述べたような実態に照らして、厚生労働省はガイドライン「改訂　心の健康問題により休業した労働者の職場復帰支援の手引き」(2004〔平成16〕年策定、2009〔同21〕年、2012〔同24〕年改訂)（以下、「手引き」といいます）を出しています。

　その内容を一部紹介すると、たとえば、職場復帰支援の流れについて、時系列に沿って、

　〈第1ステップ〉　病気休業開始および休業中のケア

　〈第2ステップ〉　主治医による職場復帰可能の判断

　〈第3ステップ〉　職場復帰の可否の判断および職場復帰支援プランの作成

　〈第4ステップ〉　最終的な職場復帰の決定

〔職場復帰〕

　〈第5ステップ〉　職場復帰後のフォローアップ

といったステップに分けたうえで、それぞれのステップについて望ましい具体的な措置をあげています。

　また、職場復帰支援について、検討・留意すべき事項についても具体例をあげています（主治医との連携の仕方、職場復帰可否の判断基準、試し出勤制度等、職場復帰後における就業上の配慮等、職場復帰における判定委員会の設置、職場復帰する労働者への心理的支援、事業場外資源の活用等）。本章Q1・Q2などで紹介しているリハビリ出社、リハビリ出勤は、手引きでいう「試し出勤制度等」に含まれるものといえますし、本章Q4で紹介している復職した従業員の状況確認などは、手引きでいう「⑤職場復帰後のフォローアップ」にあたり、「手引き」は相当程度に網羅的な内容となっています。

　最後に、休職していた労働者の希望を入れて復職（職場復帰）を行ったものの、当該労働者が約10日後に退職届を出し、さらにその数日後自殺したという事案につき、市川エフエム放送事件（千葉地判平成27・7・8労判1127号84頁）は、当該労働者の職場復帰の判断にあたっては、臨床心理士の診察やその臨床心理士や主治医との相談をするなど、当該労働者の治療状況の確認や職場における人間関係の調整など、専門家の助言を得て行うべきであったと判示しており、職場復帰の際の使用者側の慎重な配慮の重要性がよくわかります。

☞ 弁護士からのアドバイス

　メンタルヘルスの不調は、再発が多々みられるという傾向以外にも、その原因、程度がわかりにくいという傾向もあります。いわゆる「見えにくい病」であり、それだけに、職場復帰の段階においても、要所々々の措置については、専門医（主治医、産業医もしくはその指定する医師）の判断を聴取しつつ、慎重に行っていくことが重要です。

【参考資料】　職場復帰支援の流れ

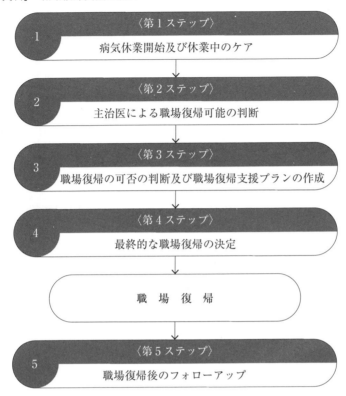

〈第1ステップ〉
病気休業開始及び休業中のケア

〈第2ステップ〉
主治医による職場復帰可能の判断

〈第3ステップ〉
職場復帰の可否の判断及び職場復帰支援プランの作成

〈第4ステップ〉
最終的な職場復帰の決定

職　場　復　帰

〈第5ステップ〉
職場復帰後のフォローアップ

〈第1ステップ〉　病気休業開始及び休業中のケア
ア　病気休業開始時の労働者からの診断書（病気休業診断書）の提出 イ　管理監督者によるケア及び事業場内産業保健スタッフ等によるケア ウ　病気休業期間中の労働者の安心感の醸成のための対応 エ　その他

〈第2ステップ〉　主治医による職場復帰可能の判断
ア　労働者からの職場復帰の意思表示と職場復帰可能の判断が記された診断書 　の提出 イ　産業医等による精査 ウ　主治医への情報提供

〈第 3 ステップ〉　職場復帰の可否の判断及び職場復帰プランの作成

　ア　情報の収集と評価
　　㈠　労働者の職場復帰に対する意思の確認
　　㈡　産業医等による主治医からの意見収集
　　㈢　労働者の状態等の評価
　　㈣　職場環境等の評価
　　㈤　その他
　イ　職場復帰の可否についての判断
　ウ　職場復帰支援プランの作成
　　㈠　職場復帰日
　　㈡　管理監督者による就業上の配慮
　　㈢　人事労務管理上の対応
　　㈣　産業医等による医学的見地からみた意見
　　㈤　フォローアップ
　　㈥　その他

〈第 4 ステップ〉　最終的な職場復帰の決定

　ア　労働者の状態の最終確認
　イ　就業上の配慮等に関する意見書の作成
　ウ　事業者による最終的な職場復帰の決定
　エ　その他

職　場　復　帰

〈第 5 ステップ〉　職場復帰後のフォローアップ

　ア　疾患の再燃・再発、新しい問題の発生等の有無の確認
　イ　勤務状況及び業務遂行能力の評価
　ウ　職場復帰支援プランの実施状況の確認
　エ　治療状況の確認
　オ　職場復帰支援プランの評価と見直し
　カ　職場環境等の改善等
　キ　管理監督者、同僚等への配慮等

前掲・「改訂 心の健康問題により休業した労働者の職場復帰支援の手引き」（厚生労働省）
より抜粋

平成16年10月・改訂平成21年 3 月・平成24年 7 月

Q4　メンタルヘルスの不調より復職した従業員の状況確認方法

 設例　メンタルヘルスの不調により傷病休職していた従業員がおりましたが、このたび、復職することとなりました。しかし、会社としては、本人が休職前のとおり業務を遂行できるかどうか、不安に思っています。復職してきた従業員の業務遂行状況や健康状況の確認はどのようにするのがよいでしょうか。

> ここが **Point**
>
> （1）　メンタルヘルスの不調は、再発の可能性が比較的高く、復職した後も、業務の遂行状況や健康状況を慎重に観察する必要がある。
>
> （2）　業務・健康状況の観察は、上長による、復職者の勤怠、業務中の集中度合い、コミュニケーション状況の観察によるのが基本だが、それと並行して、定期的に産業医等の面談を行うのが無難である。

1　メンタルヘルスの不調の特色の一つは再発の多さ

　メンタルヘルスの不調は、内臓疾患・外傷といったいわゆる体の病気と比較して、一度治ったと認められても短期（大体1年以内）で再発する可能性が比較的高いという特色があります。したがって、復職する設例の従業員（以下、「当該従業員」といいます）が円滑に休職前の状態に復しているか否かにつき、復職後も状況を確認していく必要がありますし、そのような確認を行い、適宜、適切なケアを行うことで、当該従業員の復帰を円滑に進めていくことができます。

2　メンタルヘルスの不調からの復職者につき留意して観察するのがよい点

　このような状況確認については、第1には日常の業務のうえで当該従業員の状態を観察できる直属の上司、管理職が行うのが基本ですが、観察する目印として一般的に多く指摘されている点をあげますと、大要、以下のとおりとなると思われます。

①　勤怠が安定しているか（欠勤、遅刻、早退等がないか）。

②　安定した業務従事ができているか（就業時間中の居眠り、虚脱状態等がないか）。

③　他者とのコミュニケーション、特に上長への報告・連絡・相談が適切になされているか。

　特に、休み明け（通常は月曜日）に不調であることが多いともいわれていますので、休み明けには特に留意して観察するのがよいでしょう。そして、こうした観察で、当該従業員について再発の兆候がみえた場合には、産業医（会社指定の専門医でもよいでしょう）への受診を指示し、当該従業員の健康状況を確認する必要があります（なお、産業医、会社指定医への受診命令を円滑に行うための就業規則上の留意点については、第4章Q6を参照してください）。

　また、常日頃の業務において観察するだけではなく、特に問題と思われる兆候があるか否かにかかわらず、いわば転ばぬ先の杖として、定期的に本人による産業医、専門医、カウンセラーとの面談を実施しておけば、直属の上司、管理職は気づかない問題点も把握することができるでしょう。面談の頻度、時期については、多様な意見があるようですが、実務の経験からすれば、復職後半年位までは、1～2カ月に一度は行うのがよいと思われます。

3　問題となる兆候がみえた場合の対応

　2で述べたような観察、面談をとおして、当該従業員について再発の兆候がみられた場合には、会社としては、業務の軽減の措置を講じつつも、それ

により短期で回復するような見込みがない場合には、再度の休職命令を検討することとなります。再度の休職命令ともなれば、不調者は自分の健康に対する不安が高まり、自信を失ってしまうことが少なくなく、メンタルヘルスの不調が恒常化する傾向があるようです。したがって、再度の休職命令に対しては強く抵抗する場合もみられますが、会社としては、やはり1回目の休職命令の場合と同様に、特に就業不能の判断について慎重に専門医の診断等の手順を踏みつつ、対応していくこととなります。

> ☞ **弁護士からのアドバイス**
>
> 　メンタルヘルスの不調は、その疾病の有無・程度の判断が難しいうえに、完治もし難いという非常に難しい性質をもっています。このような問題点に対処する人事・労務担当者としては、当然ながら基本が大切で、日常の観察（これは上長の協力が必要です）、産業医等の組織的な確認、確認から得られた情報を適切に就業規則にあてはめるための医学的判断の聴取、といった手順を抜かりなく行うことが肝要です。

Q5　休職から復職した従業員に対する降格の可否

　メンタルヘルスの不調により傷病休職していた社員が、先日、復職しました。復職先は休職前の職場で、職能等級も休職前の状態にしたのですが、どうも、休職する前ほど頑張りも効かないし粘りもないようです。会社としては、残念ながら本人の能力が低下したと認めざるを得ず、職能等級を引き下げる降格を実施しなければ、周囲の従業員との公平が保てないと考えています。このような降格の措置は可能でしょうか。ちなみに、降格しても従事してもらう業務に変更はありませんが、賃金は減額させる予定です。

> ここが**Point**
> (1)　傷病休職より復職した従業員の業務遂行能力が、休職前より低下していたとしても、当然に、職能資格・等級を引き下げる降格が可能となるわけではなく、就業規則上、そうした職能資格・等級を引き下げる降格を可能とする根拠規定が必要である。
> (2)　上記の根拠規定があるとしても、実際に上記の降格において、著しく不合理な評価により降格者に大きな不利益が生じるような場合には、やはり、降格の効力が否定される場合がある。

1　メンタルヘルスの不調の特色は完治の困難性

　内臓疾患や外傷といったいわゆる体の病気と異なり、メンタルヘルスの不調は、再発の危険が大きいのと同時に、比較的完治が難しいという特色があ

ります（もっとも、完治しなければ業務が不可能ということにはつながらないところも、会社の人事・労務担当者にとっては難しいところです）。したがって、設例の従業員（以下、「当該従業員」といいます）のように、業務遂行は一応できても、そのパフォーマンスが低下しているような事例が少なからず見受けられます。そこで、会社としては、設例のように当該従業員の能力低下を理由に降格（賃金ダウン）を図りたいという場合も出てきます。

2　降格の可否（一般論）

そこで、そもそも降格とはいかなる場合に可能なのかという問題があります。それは、使用者が実施しようという降格がいかなる種類の降格であるかによって違った検討が必要となります。

一般的に降格とよばれるものには、①人事権による役職・職位の降格、②職能資格の引下げ措置としての降格、③懲戒処分としての「降格」「降職」といったものに分かれるとされています（菅野和夫『労働法〔第12版〕』724頁）。設例で問題になるのは、このうちの②です。

こうした職能資格制度における資格・等級は、会社での就業をとおしての技能・経験の積み重ねにより到達した職務遂行能力に着眼して格付けられるものですから、本来、引き下げられるということは予定されていないとされています（菅野・前掲書726頁）。したがって、職能資格の引下げ措置としての降格は、就業規則等（職能資格等級規程等の場合も含む）において、資格・等級の引下げがあることが明示されることが必要です。仮に、こうした就業規則等上の根拠なくして行われた職能資格の引下げ措置としての降格は、法的に無効であり、それに伴う賃金減額もまた無効ということとなります（東京地決平成8・12・11労判711号57頁・アーク証券事件）。ただし、降格された本人が合意した場合は別です。

3　本設例における降格の可否（本設例へのあてはめ）

以上をもとに、当該従業員への降格について検討すると、まずは本設例の会社において就業規則等に、職能資格の引下げ措置としての降格についての

根拠規定があるか否かが分かれ目になります。もっとも、根拠規定があればどのような場合でも、あるいはどのような降格でも実施できるわけではなく、著しく不合理な評価によって当該従業員に対して大きな不利益を与えるような場合は、人事権の濫用として、降格は無効となる場合があります。設例のケースで降格の効力が法的に争われるような場合には、当該従業員の休職前の業務遂行能力と復職後の業務遂行能力との違いを客観的な事実関係で明らかにできるような材料を使用者側が主張立証する必要があるでしょう。なお、当該従業員が降格に合意した場合には、その降格は有効となります。

☞ 弁護士からのアドバイス

　職能資格制度は日本の会社の多くが取り入れている制度ですが、従来の産業構造による労働者の就業の仕方（抜本的に新規業務を開拓するよりは、従前からの業務と連続性のある業務に従事する）を反映し、その資格・等級の引下げを予定していない会社もまだ見受けられます。こうしたメンタルヘルスの問題についても、これからの会社経営においては、解説で述べたような職能資格制度の改定は必須でしょう。

Q6　復職後の軽作業への配置転換と賃金減額の可否

設例　メンタルヘルスの不調により傷病休職していた従業員が、先日、復職したのですが、休職前に比較しての業務遂行能力が低下しているようで、休職前の業務がうまくできません。そこで、業務を軽減しあるいは役職を下げ、軽減した業務や低い役職の従業員と同レベルくらいまで賃金を引き下げたいと考えています。しかし、その従業員は同意しません。このような配置転換、役職の引下げ、更には賃金カットは、その従業員の同意がなくとも可能でしょうか。

(1)　使用者の人事権（配転権）の行使として、業務を変更したり役職を変更することは可能である。

(2)　一歩進んで、賃金の変更（引下げ）まで可能か否かは、就業規則等により、そうした賃金引下げが想定（規定）されているか否かにかかっているといわざるを得ない。

1　使用者の人事権としての業務変更と役職変更

　いわゆる正社員のような、業務・職場を特定されず、長期的な雇用を予定され採用された従業員の場合、使用者の側に、人事権の一内容として従業員の職務内容や勤務地を決定する権限が帰属することが予定されていると解されています（菅野和夫『労働法〔第12版〕』725頁）。したがって、本設例の従業員（以下、「当該従業員」といいます）が正社員である場合は、会社としては、上記の権限（配転権）の行使として、休職前の業務以外の業務の配置転

換をすることができます。

　これは、たとえば支店長、営業所長、部長、次長などといった役職や職位を下げる場合も同様で、人事権の行使として可能です（東京地決平成2・4・27労判565号79頁・エクイタブル生命保険事件、東京地判平成22・10・29労判1018号18頁・新聞輸送事件等）。

　なお、このような役職の引下げは、降職あるいは降格などといわれることが多いですが、本章Q5で述べた、職能資格の引下げの措置としての降格とは別個のものであることに注意してください。また、たとえば○○部長、○○所長といった役職が限定されて採用された従業員については、一般の正社員のケースの理論が成立しないことも同様です（東京地判平成9・1・24労判719号87頁・デイエフアイ西友事件）。

　以上より、本設例の場合も、当該従業員に対して、業務を変更し役職を引き下げることは可能と解されます（ただし、人事権の濫用となる場合は別です。この点は、後述2、3も同じ）。

2　職務変更、役職引下げに伴う賃金引下げの可否

　1で述べたように、当該従業員につき業務の変更、役職の引下げが会社の人事権、配転権の行使として可能であることは、直ちに、賃金の引下げまで常に可能であることにはつながりません（菅野・前掲書726頁）。ただし、たとえば、役職の変動により賃金が変動することが予定されているような賃金制度が就業規則等によって規定されている場合、具体的には、部長であれば部長手当として△△万円、次長であれば次長手当として○○万円、といった賃金が支給されることが就業規則・賃金規程等で規定されているような場合、部長職を外して次長に役職を引き下げる場合には、その従業員の賃金を、○○万円－△△万円の差額分、引き下げることが可能となります。すなわち、就業規則上の根拠がある賃金の引下げは可能となります。なお、これは、休職より復職した従業員の場合に限られず、いわゆるローパフォーマーにつき役職を引き下げる場合一般についていえるところです。

3　職務等級制度における、職務変更・職務等級変更に伴う賃金引下げ

　賃金引下げの可否は、結局のところ、就業規則によるという見地からは、就業規則等により職務等級制度をとっている会社において、業務能力の低下を理由に職務を軽減し、職務に連動している等級および賃金を引き下げるといったことが可能となります。昨今、こうした職務等級制度を導入する会社が増加しつつあるのも、職務に見合った賃金支給が円滑に行えることによるところと思われますが、このような制度の導入に際しては、従業員の個別同意を得るか、就業規則の不利益変更の合理性の要件を満たす必要があるのはいうまでもありません（労契法10条）。

　また、細かい点ですが、職務等級制度を導入する際に、賃金内訳を基本給に一本化している場合が見受けられますが、こうした場合、時間外労働手当の算定において、一本化された基本給がすべて算定基礎となりますので、注意が必要です。なぜなら、伝統的な賃金制度でみられるような住宅手当、家族手当等の諸手当の賃金内訳を基本給に一本化している場合には、当然のことながら時間外割増賃金の算定にはこれら手当分の金額も算定基礎に含まれて、割増賃金額に反映されるからです。

☞ 弁護士からのアドバイス

　メンタルヘルスの不調は、いったん良くなっても状態が元に復しない場合も少なくなく、どうしても、本設例のように、業務を変更しつつ賃金を下げたいといった希望が会社側より出ることがあります。しかし、賃金引下げの可否は、結局のところ、就業規則等でそのような賃下げが可能であるような賃金制度となっているかどうかによるということになります。

Ⅲ　復職後の再発

Q7　復職後の再発と再休職命令の可否

設例　当社の就業規則では、私傷病休職期間は1年間で、それで復職できない場合は自動退職となります。メンタルヘルスの不調（私傷病）により11カ月間休職していた従業員が、先月、復職してきたのですが、また、同じくメンタルヘルスの不調により、2週間ほど欠勤しました。会社としては、先月の復職そのものが病気が治癒していなかったものとして、再度、休職を命じるつもりでしたが、本人は、「いったん復職したのだから、2週間程度の欠勤では休職になる理由はない」などと言ってきました。この従業員は今でも欠勤中です。

　このような場合、会社は、即、再休職を命じることはできないのでしょうか。

---

(1)　復職後の欠勤につき、速やかに再休職を命じられるか否かは、就業規則中に同一ないし類似の疾病による休職期間の通算規定が存するか否かにかかる。

(2)　通算規定がなければ、休職→復職→欠勤→休職→復職→欠勤……といった事象を繰り返す従業員が生じる余地が出てくる。

1　メンタルヘルスの不調の再発と対応

　メンタルヘルスの不調は、内臓疾患や外傷といったいわゆる体の病気に比較して、いったん寛解しても、再発といった事態に陥ることが少なくありません。そのため、設例のような事態が、体の病気の場合よりも多くみられるところです。

　このような疾病の再発による欠勤の場合、それを、復職前の休職の延長とみるのか、あらたな休職とみるのか、二通りの考え方があるでしょうが、基本的には、それらのいずれによるのかは、当該会社の休職制度について定めた就業規則の内容によります。

2　就業規則の規定と再休職の可否

　休職制度とは、法律上の根拠のある制度ではなく、会社の就業規則の規定より創設される解雇猶予を目的とする制度ですので（第5章Q1等参照）、休職制度の内容は就業規則の内容および解釈によります。

　本設例のような場合でよく問題になるのが、いわゆる、休職期間の通算規定の有無とその内容です。通常みられる例でいえば、傷病休職より復職した後に、一定期間内（多くの規定例は、6カ月から1年）に、前回の傷病休職の原因となったものと同じあるいは類似の傷病により欠勤する場合は、その欠勤を前回の休職と通算して休職期間を算定する、というものです。たとえば、1回目の休職で11カ月休職した後に復職したものの、復職後、1カ月欠勤したような場合、11カ月＋1カ月＝12カ月の休職があったと取り扱うものです。この効果は、就業規則所定の退職（もしくは解雇）として扱われる休職期間満了をより早期に迎える余地を生じさせることにあります。上述の例でいえば、当該会社の就業規則の規定で、休職が満了となる期間が12カ月だとすれば、通算規定があることにより、当該社員は退職もしくは解雇という取扱いとなります。

　このような通算規定があれば、設例のような場合でも、休職後の欠勤をもって再休職として扱える可能性が大きくなるでしょう。しかし、このよう

な通算規定が就業規則の中になければ、会社としては、いったん復職した社員について、就業規則所定の休職要件を満たす欠勤がなければ、休職を命じることはできないこととなります。たとえば、休職を命じるには、引き続き3カ月の欠勤を要するといったような休職要件が規定されていれば（ただし、第5章Q3でも述べましたように、これはよくない規定例です）、復職後、引き続き3カ月欠勤するような事態にならなければ、再休職を命じることはできなくなります。このように通算規定のない会社では、「休職満了期間に達しない程度の休職→復職→休職発令に必要な欠勤→休職満了期間に達しない程度の休職→復職……」、といった事象を繰り返す従業員が生じる余地があり、筆者の実務上の経験でも、勤続年数の半分位を、休職か欠勤で過ごしているといった例もあります。休職制度の中に通算規定が存しない会社は、早急な対策（同一ないし類似の疾病による休職期間の通算規定の創設）が必要です（規定例については、第9章5参照）。

☞ **弁護士からのアドバイス**

　解説で述べた通算規定は、より柔軟な再休職発令という見地からは、復職から欠勤までの期間につき、なるべく長期間を設定するのが妥当です。従前は、3〜6カ月という例も少なくありませんでしたが、最近、1年という規定例も珍しくなくなってきたようです。

Q8　休職・復職を繰り返す従業員への対応

設例　当社には、長年、メンタルヘルスが不調な従業員がおり、休職しては復職して、また休職する、といったことを繰り返しています。今般、就業不能に至ったので3回目の休職に入りたいとの申出がありました。会社としては、ここで休職を認めても、また復職・休職といったことを繰り返すだけのように思っています。

こうした従業員に対しては、休職を認めずに、直ちに、業務に耐えられないとして解雇してしまってよいでしょうか。

(1)　休職・復職を繰り返す社員の再度の休職の申出についても、休職しても回復することの見込みがないことを専門医の判断により立証できなければ、休職を認めず解雇することは危険である。

(2)　休職・復職を繰り返す社員への対応については、復職の前後の休職期間を通算する規定を就業規則の中に入れておくことが必須である。

1　傷病休職制度の趣旨と設例との関連性

傷病休職制度とは、本来、私傷病により業務不能と至った従業員は、労務提供不能として解雇となるところ、その解雇を一定期間猶予し、当該従業員の回復を待つ、というところを制度目的としております（第5章Q1参照）。しかし、本設例のような事象となれば、会社としても、そもそも「回復を待つ」といっても、正常な従業員のように、安定して労務を提供できるような状態に復することはないのではないか、との疑問をもたざるを得ないところ

です。

　そこで、休職の制度目的に照らして考えると、いかに休職と休職の合間は「一応業務に耐え得る」といえる状態になっていたとしても、ことに期間の定めがなく、特に業務を特定しないで雇用される正社員のような場合、中長期的に安定して業務を提供し、着実にキャリアアップしていくことが期待されているといえますから、その雇用が想定されている中長期的視点に立てば、休職と復職を繰り返すことが、上記の期待に添うものであるとはいえないと思われます。したがって、本設例のように、その従業員が、真実、休職命令を出した後に復職しても、それ以後も休職と復職を繰り返す見込みが強い場合には、休職を命じないで解雇することも可能と考えます。

　ただし、実務としては、「ここで休職を命じ、後に復職したところで、また休職と復職の繰り返しであろう」という見込みを立証する材料がなければ、解雇するにおいても法的リスクが高いことには変わりはありません。したがって、本設例のような場合、実際に解雇に踏み切るような場合は、相当に慎重な配慮が必要で、たとえば、専門医の判断上の裏づけは必須です。

2　休職・復職の繰り返しといった事態に対応するための休職期間の通算規定の導入

　1で述べたように、本設例のような従業員に対して解雇を行うことは、理論としては検討に値しても、実務上は、特に根拠の確保の点で困難が伴います。そこで、本設例のような従業員に対応する方策として、就業規則上の休職期間の通算規定が重要です。

　これは、一例をあげれば、「復職後○カ月以内に同一傷病（類似の傷病を含む）により欠勤する場合は、欠勤開始日より再休職とし、休職期間は復職前の休職期間と通算するものとする」（下波線がポイント）といったようなもので、繰り返される休職期間を、毎回最初からカウントすることなくまとめてカウントし、就業規則所定の休職期間満了となったところで、退職（もしくは解雇）を可能とすることを目途とした規定です。最近、特に、「復職後○カ月以内」の箇所を、6カ月もしくは1年といった期間とする会社が増えて

いるように見受けられますが、このような条項があれば、休職・復職を繰り返すとしても、6カ月～1年の復職期間がなければ、休職期間が累計されていきますから、休職・復職の繰り返しといっても事実上限界が出てくることとなります。

　付言すれば、上記の通算規定に加えて、たとえば「休職期間の通算は、復職後○カ月以内の休職においては、すべての休職期間につき通算されるものとする」といった規定を入れておくと、さらに無難でしょう（詳細は第9章8参照）。

☞ 弁護士からのアドバイス

　実務上、本設例のようなケースは、意外と散見されます。さらに、休職期間、たとえば6～8割賃金を保証するような規定まであると、休職・復職を繰り返しつつ、まっとうに就業し続けている従業員と、受給してきた賃金累計では大きくは違わない、といった現象まで生じることがあります。このようなことのないよう、解説2で述べたように、適切な通算規定が必要です。

第 8 章

精神障害が業務上疾病である 場合（労働災害）

Ⅰ　メンタルヘルスと安全配慮義務

Q1　メンタルヘルスの不調が業務上の事由によると思われる場合の対応

設例　　当社にはメンタルヘルスの不調により欠勤している従業員がいるのですが、その者はかなりの長時間労働をしており、本人も、自分のメンタルヘルスの不調は、会社の業務を原因とする労災である旨を主張しています。もし、その従業員の言うとおり労災であるとすれば、会社としてとるべき対応は、私傷病であった場合と比較して、どのように異なってくるのでしょうか。

---

(1) 従業員の疾病が私傷病であるか、業務上傷病であるかによって、会社の対応は大きく異なる。その最大の違いは、労働基準法19条1項の解雇制限である。

(2) 従業員の疾病が業務上傷病である場合、会社としては、安全配慮義務違反による賠償責任を負うか否かも検討しなければならない（労契法5条）。

1　疾病の原因による使用者の対応の差異

　従業員の中で、メンタルヘルスの不調に限らず、何らかの疾病に陥る者が出ることは少なくありませんが、その疾病が、業務上の事由が原因ではない私傷病の場合と、業務上の事由が原因である業務上傷病の場合とでは、使用

者としてはその対応に大幅な差異が生じます。ですから、会社としては、従業員の疾病が問題となったときの対応を考えるには、最初に、それが業務上の事由を原因とするか否かを検討しなくてはなりません。

　なお、私傷病と業務上傷病の区別・判断については、第 4 章 Q 4 の記述も確認のうえ、厚生労働省による「心理的負荷による精神障害の認定基準」およびその認定基準の概要をわかりやすく説明し、精神障害（自殺）の労災認定の考え方についてまとめている厚生労働省によるパンフレット「精神障害の労災認定」を平素から参照するようにしてください。

2　従業員の疾病が私傷病である場合

　この場合は、就業規則に休職関連規定が存する場合、本書にて中心的に論じているテーマの一つである傷病休職の可否、就業規則上の要件を検討することとなります。

3　従業員の疾病が業務上傷病である場合

　この場合は、まず、労基法19条 1 項の解雇制限にかかることに注意すべきです。私傷病の場合は、解雇猶予措置として就業規則に傷病休職の規定があっても、就業規則所定の期間を経過すれば退職もしくは解雇といった扱いになりますが、業務上傷病の場合は、もともと前述のとおり、労務提供不能による解雇が制限されており、傷病休職期間の満了により、解雇もしくは解雇と同様の効果を生じさせる退職扱いはできなくなります。なお、上記の同法19条 1 項の解雇制限は、当該疾病の療養のため休業する期間についてであって、治癒（症状固定）以後の通院等は含まれず、解雇制限はかかりません。

　また、疾病が業務上傷病の場合には、会社に従業員に対する安全配慮義務違反があれば、当該従業員に対する損害賠償が問題となることもあります（労契法 5 条）。メンタルヘルスの不調が業務上傷病と認定される場合で実務上最も多い事例は、長時間労働によるうつ病発症の例ですが、必ずしもそれだけには限られません（その具体的例は、第 4 章 Q 4 にて詳述したところに譲り

ます）。

　実務としては、ひと口に疾病といっても、私傷病なのか業務上傷病なのかの区別がすぐにはつかないことが少なくなく、特に、メンタルヘルスの不調の場合はその傾向が強いところです。設例のような場合でも、会社としては、長時間労働の程度（それこそ、月残業が100時間を超えるような状態であったか等）や、業務それ自体の精神的負荷の大小（当該従業員にとって新規な業務であったか、人間関係での軋轢の有無程度等）により、なるべく自主的に判断を行うのが早期の対応という点では望ましいですが、それでも、私傷病か業務上傷病かの区別かつかない場合には、労働基準監督署による判断（労災認定をするか否か）を待つしかないこともあるでしょう。

☞ **弁護士からのアドバイス**

　解説のとおり、従業員の疾病はその原因によって会社の対応が全く変わってきます。そのため、安易に「私傷病」と決めつけることは極めて危険です。殊に、メンタルヘルスの不調のように、未だそのメカニズム等に不明な部分が比較的多い疾病についてはなおさらです。

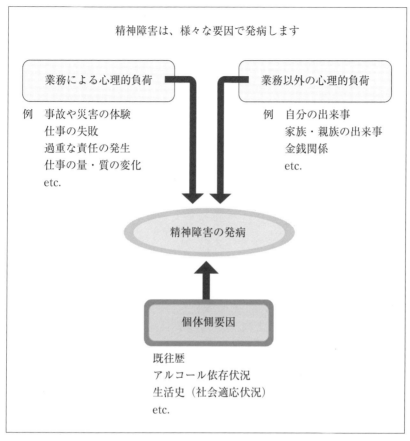

厚生労働省パンフレット「精神障害の労災認定」１頁掲載の「図」（「心理的負荷
による精神障害の認定基準」の概要を説明したもの）

Q2　従業員のメンタル不調における業務起因性（微妙な例）が疑われる事例と判断基準

設例　近年、メンタル不調者が増えており、その中には会社の業務が原因であると認められるケース（業務起因性が認められるケース）も少なくないと聞きます。それこそ、長時間の残業をしていたといったような場合は、メンタル不調に業務起因性が認められるのはわかるのですが、なかには微妙なケースもあると思われます。こうした微妙なケースについて、実例はどのようなものがあるでしょうか。

ここが Point　メンタル不調と業務との因果関係（業務起因性）については、公権的な判断者（労働基準監督署、労働局、第一審裁判所、第二審裁判所）の間ですら、判断が分かれることは決して少なくない。実務上、重要なのは、そういった事案で説示された労働者への精神的負荷に影響のある要素（解説参照）につき、一つひとつ手を打っていくことであろう。

1　メンタル不調と業務起因性

　メンタル不調の発生にはさまざまな原因が考えられますが、その中でもよくみられる代表的な要因としては、長時間労働、慣れない仕事・環境、切迫した仕事、上司の叱責（パワハラには限られず、なかには適正な指導でも原因となることはあります）、いわゆるハラスメントといったものがあります。しかし、このうち、長時間労働については、数字によってその長短を測ることができますが、そのほかの要素は定量で測ることができず、その程度の評価は

みえにくいところがあります。労働基準監督署と裁判所とで判断が分かれることも決して珍しくない理由がここにあります。

2　業務起因性の裁判例類例

　労働基準監督署の判断と裁判所の判断が食い違った例としてたとえば、東芝（うつ病・解雇）事件（東京高判平成23・2・23労判1022号5頁）があります。これは、当該労働者のうつ病発生が業務に起因するものであるか否かが争点となった事案で、うつ病発症までの約半年間の法定時間外労働時間が平均月70時間であり、労働基準監督署の判断では業務起因性が認められなかったのですが、裁判所では、時間外労働のほかにも、当該労働者にとって業務上の大きな負荷となる要素（新規のラインの短期間での立ち上げに関与するといった業務内容の新規性およびスケジュールの切迫性）があることを重視し、業務起因性を肯定しています。

　また、上司によるパワーハラスメントによりうつ病が発症したか否かが争われた事案として、名古屋南労基署長（中部電力）事件（名古屋高判平成19・10・31労判954号31頁）があります。これは、上司が、主任昇格直後の労働者に主任としての心構えの記載と提出を指示し、その書き直しを命じて能力が不足していること等を明記させたり、「主任失格」「おまえなんか、いてもいなくても同じだ」などといった感情的言辞で叱責したり、結婚指輪をしていることを非合理に指導したりした結果、当該労働者が、長時間労働も相まってうつ病を発症し自殺したという事案につき、上記書き直し作業や指導といった事象による当該労働者への心理的負荷についての強度を、労働基準監督署よりもより重くとらえ、結果として業務起因性を認めています。

　さらに、三鷹労基署長（いなげや）事件（東京地判平成23・3・2労判1027号58頁）は、新しく重責（会社にとって相当に重要な店舗において、さらに重要視されていた部門でのチーフ職）を任された労働者がうつ病に罹患し自殺した事案について、新たな重責に伴う業務の遂行と不安（新装開店に向けた準備業務、各種研修等への参加、新装開店後の業務や数値目標の達成等のための意識高揚が図られることでのチーフ就任後の業務に対する不安等）を根拠に、当該労

働者への心理的負荷の強度を労働基準監督署よりも重くとらえ、結果として業務起因性を認めています。

　裁判所でも、第一審（地方裁判所）と第二審（高等裁判所）とで判断が分かれた例としては、たとえば、広島中央労基署長（中国新聞システム開発）事件（広島高判平成27・10・22労判1131号5頁）があります。これは、当該労働者が、会社における担当業務が減少し従前の作業場所への入室を合理性のない理由で禁止され、任されていた業務が終了した後は、反復性うつ病を発症して休職するまでの間、約3カ月間、会社から具体的な業務を与えられず、さらに、会社から、自己の担当可能な業務を考えるという業務上の指示を受けこれを提出したが、その業務を担当させられなかったという事案について、以上は、平均的な労働者にとって受ける心理的な負荷は強度であり、そのストレスによってうつ病等の精神障害を発症させる程度の負荷であったと認めるのが相当であるとして、労働基準監督署および第一審（広島地判平成27・3・4労判1131号19頁）の判断を覆して、業務起因性を肯定しています。

3　微妙な事案の発生自体を避けるための対応

　このように、メンタルヘルスの不調についての業務起因性の有無が微妙な事案は少なくありませんが、人事・労務の実務としては、そもそも、こうした微妙な事案になること自体を避けることが重要なのはいうまでもありません。そのためには、定量で測り得る労働時間（いわゆる労働の量）について留意することはもちろんですが、新規性・切迫性といった労働の質、環境の変化やハラスメントといった職場環境面、嫌なことがあった場合の上司からのアフターケアの有無や常日頃の人的関係といった、およそ平均的労働者にとって弱くはない精神的負荷に影響する要素につき、一つひとつ留意しておくことが肝要です。

　なお、厚生労働省による「心理的負荷による精神障害の認定基準」（パンフレット「精神障害の労災認定」）には、次のように示されています。

〈精神障害の労災認定〉

1　認定基準の対象となる精神障害を発病していること

　　～認定基準の対象となる精神障害は、国際疾病分類第10回修正版
　　（ICD-10）第Ⅴ章に分類される精神障害であって、認知症や頭部
　　外傷などによる障害（F0）およびアルコールや薬物による障害
　　（F1）は除く。

　　　業務に関連して発病する可能性のある精神障害の代表的なもの
　　は、うつ病（F3）や急性ストレス反応（F4）など。

2　認定基準の対象となる精神障害の発病前おおむね6か月の間に、業
　務による強い心理的負荷が認められること

　　～（別表1）「業務による心理的負荷評価表」を参照

　(1)　「特別な出来事」に該当する出来事がある場合…「強」

　(2)　「特別な出来事」に該当する出来事がない場合…あてはめにより
　　「強」「中」「弱」を評価

　(3)　長時間労働がある場合の評価方法

　　①　「特別な出来事」としての「極度の長時間労働」

　　　～発病直前の極めて長い労働時間を評価

　　②　「出来事」としての長時間労働

　　　～発病前の1か月から3か月間の長時間労働を出来事として
　　　評価

　　③　他の出来事と関連した長時間労働

　　　～出来事が発生した前や後に恒常的な長時間労働（月100時間程
　　　度の時間外労働）があった場合、心理的負荷の強度を修正する
　　　要素として評価

　(4)　評価期間の特例

　　・　認定基準では、発病前おおむね6か月の間におこった出来事に
　　　ついて評価します。ただし、いじめやセクシュアルハラスメント

のように、出来事が繰り返されるものについては、発病の6か月よりも前にそれが始まり、発病まで継続していたときは、それが始まった時点からの心理的負荷を評価します。

3　業務以外の心理的負荷や個体側要因により発病したとは認められないこと

(1)　業務以外の心理的負荷による発病かどうか

・　（別表2）「業務以外の心理的負荷評価表」を用い、心理的負荷を評価します。心理的負荷の強度が「強」に該当する出来事が複数ある場合などは、それが発病の原因であるといえるかどうか、慎重に判断します。

(2)　個体側要因による発病かどうか

・　精神障害の既往歴やアルコール依存状況などの個体側要因については、その有無とその内容について確認し、個体側要因がある場合には、それが発病の原因であるといえるか、慎重に判断します。

☞ 弁護士からのアドバイス

　解説で述べた諸要素のうち一番容易かつ比較的効果があるのは、上司からのアフターケアと思われます。どのような労働者でも、仕事をしていればうまくいかずにストレスを受けることがあります。また、そもそも上司も人間ですから、パワハラかどうか微妙な叱責をしてしまうこともあります。そこで、そのような負の事象が起こったときには、会社として迅速かつ適切に対応すべきはもちろんですが、上司が部下に対して褒める、いたわる、といった気持をもって接することが重要と思われます。無論、これだけで労働者のストレスを解消することはできませんが、少なくとも、その高まりの進行を抑えるには効果があるでしょう。

Q3　メンタルヘルスの不調者が労災申請を希望した場合の対応

設例

　　当社には、メンタルヘルスの不調により欠勤するに至った従業員がいます。この従業員が、先日「自分がこうした病気になったのは、会社の業務が過重であったのと上司のパワーハラスメントによるものだから、自分の病気は労災である」と主張し始め、労災申請をするので会社に協力してほしい、と申し出てきました。

　　会社としては、業務が過重だったとも、パワーハラスメントがあったとも思っていないのですが、この従業員の求めに対して、何もしないでいてよいでしょうか。

(1)　会社としては、従業員の労災申請については、少なくともその手続面については、協力を拒まないのが望ましい。ただし、労災保険給付請求書の事業主の証明欄には注意が必要である（労災申請の内容面については、会社の意見を述べておく）。

(2)　労働基準監督署に会社側の事実認識を正確に理解してもらえるような努力（事実関係、資料の整理）は、早めに行っておくべきである。ただし、虚偽は論外である（労災かくしについては、安衛法120条5条、122条に罰則が規定されている）。

1　疾病と労災申請

　会社が雇用する従業員が疾病に罹患することは少なくありませんが、その

疾病が就労にかかる業務に起因する労働災害（安衛法2条1項）（業務上傷病）であるということになると、そうでない場合（私傷病）に比較して、会社としては全く違った対応を迫られることとなります（本章Q1参照）。ですから、従業員に疾病が生じたとき、会社としては、できれば、当該疾病が業務上傷病と認めたくない、認められてほしくないのが本音でしょう。

　しかし、そもそも労災申請は、最終的には疾病に罹患した従業員が自身でなし得るものですから（労災保険法12条の8第2項。もちろん、申請と労災認定がおりるかどうかは全く別の問題です）、こと手続面に関する限り、会社が協力を拒否しても意味がなく、会社としてはむげに協力を拒むのは妥当ではないと思われます。

2　労災申請における労災保険給付請求書の事業主の証明欄

　ただし、手続には原則協力するといっても、それは、当該従業員の言い分を認めることを意味するものではありません。労災申請においては、休業補償給付等の労災保険給付請求書を労働基準監督署に提出する手続を踏むのですが、そこには事業主の証明欄があり、その中には、「災害の原因及び発生状況」という欄があります。実務上、従業員の認識そのままに従業員側が上記の「災害の原因及び発生状況」を記述し、それを会社側が特に異を唱えないままに事業主の証明欄に署名してしまっている場合が散見されます。しかし、前述のとおり、会社としては、従業員の疾病に関する労災申請につき、その手続に協力することが望ましくはありますが、その事実認識に合わせる必要はなく、事業主の証明を行う場合も会社の認識と異なる箇所があれば、「○○の部分は除く」と明記して行えば足ります。あるいは、会社としての意見書を作成して、労働基準監督署に提出するという方法もあります。

3　労働基準監督署の調査に対する対応

　労災申請があった場合、当該申請を受けた労働基準監督署は、使用者に対し、必要な報告、文書の提出、または出頭を命じることがあります（労災保険法46条）。それに対して、文書の提出に応えなかったり、虚偽の記載をし

た文書を提出した場合には、罰則があるので注意が必要です（6カ月以下の懲役または30万円以下の罰金〔同法51条1項〕）。

　しかし、会社としては、自らが認識している事実関係を会社にとって有利なように偽ることは論外としても、会社の認識を正しく理解してもらったうえで労働基準監督署の判断を受けるべく努力を尽くすのは当然ですので、設例のような従業員からの労災申請の事態が生じた場合、労働基準監督署からの調査があることを前提に、事実関係、資料の整理を進めておくことが大切でしょう。

☞ 弁護士からのアドバイス

　近時、メンタルヘルスの不調の原因として従業員側より主張されることが多いのが、設例にもある、業務の過重とパワーハラスメントです。特に、パワーハラスメントは、ハラスメントに該当するという認定・評価が難しいことが多いばかりではなく、そのうえ、そもそも事実認識自体が会社（厳密には当該従業員の周辺の社員。多くの場合は上司）と当該従業員とで全く異なる場合も少なくありません。

　この点、労働施策総合推進法が改正され、同法30条の2以下により、パワーハラスメント防止措置が、事業主の義務と直接的に明記されましたので（2020年6月1日より。中小事業主については2022年4月1日から義務化。それまでは努力義務）、会社としては、関係指針も参考にして、職場におけるパワーハラスメント防止のために雇用管理上必要な措置を講じることが急務になります。

Q4　メンタルヘルスの不調に対して、会社が責任を負う場合

設例
　当社には、メンタルヘルスの不調により長期欠勤することとなった従業員がおりますが、今般、この従業員より会社に対して、「自分がこのような病気になったのは、会社が自分の健康維持に十分配慮しなかったからだ。会社に賠償請求する」との旨を連絡してきました。

　会社としては、こういった請求につき、どのような場合に責任を負うこととなるのでしょうか。

ここが Point

(1)　使用者（会社）は労働者（従業員）に対する安全配慮義務を負っている（労契法5条）。

(2)　特にメンタルヘルスにおいて、安全配慮義務の違反を主張される原因として多くみられるものは、長時間労働等の過重な業務と、上司の叱責および人間関係（職場環境。パワーハラスメント等）である。

1　使用者が労働者に対して負う安全配慮義務

　労働契約上の使用者は、その雇用する労働者に対して、「労働契約に伴い、労働者がその生命、身体等の安全を確保しつつ労働することができるよう、必要な配慮をするものとする」（労契法5条）という法的義務を負っています。このような労働契約上の使用者の配慮する義務は、一般に、安全配慮義務といわれています。

　ですから、設例の従業員がいうように、その従業員のメンタルヘルスの不

調が生じたことにつき、会社が上記の「必要な配慮」を欠いたと認められれば、会社は労働契約上の法的義務を履行しなかったことにより、契約相手の従業員に対して、損害賠償の責任を負わなければなりません。実務上、問題となることが多いのが、はたして、会社がこの安全配慮義務に違反したといえるか否かという点です。

　付言すれば、メンタルヘルスの不調に至ったのが他の従業員の行為によるものであった場合、会社は、上述の労働契約上の安全配慮義務違反による責任（労契法5条）と並行して、他の従業員を使用していたことによる使用者責任（民法715条）を負うこともあります。

2　安全配慮義務の内容〜特にメンタルヘルスに関して

　会社（使用者）が労働者に負う安全配慮義務の内容については、業種、会社、当該労働者の具体的業務およびその環境等、具体的事案に沿って、多様な要素を考慮しつつ、その事案ごとに判断、決定されることとなります。実務上、ことメンタルヘルスの不調が問題となったケースで、比較的近時の裁判例をあげれば、以下のとおりです。

①　長時間労働等、過重な負荷によるうつ病の発症の有無が問題となった事例

　　会社の責任を肯定した高裁判決の例としては、山田製作所事件（福岡高判平成19・10・25労判955号59頁）、アテストほか事件（東京高判平成21・7・28労判990号50頁）、天満労基署長（CSKうつ病自殺）事件（大阪高判平成25・3・14労判1075号48頁）等があります。

　　一方、否定した高裁判決の例としては、みずほトラストシステムズ事件（東京高判平成20・7・1労判969号20頁）、四国化工機ほか1社事件（高松高判平成27・10・30労判1133号47頁）等がみられます。

②　上司からの叱責等、職場の人間関係が問題となった事例（いじめやパワーハラスメントの要素があるものを含む）

　　会社の責任を肯定した高裁判決の例としては、川崎市水道局（いじめ自殺）事件（東京高判平成15・3・25労判849号87頁）、三洋電機サービス

事件（東京高判平成14・7・23労判852号73頁）等がみられます。

　　一方、否定した例としては、前田道路事件（高松高判平成21・4・23労判990号134頁）等がみられます。

　前記①に関しては、特に長時間労働に端を発するような場合、メンタルヘルスの不調を発症したような従業員に対して長時間労働を避けるような業務調整をしなかったこと自体が安全配慮義務違反とされることが多く、会社（使用者）の責任が肯定されることが多いようです。否定されるとすれば、そもそも、その事案で認められた労働時間とメンタルヘルスの不調の発症とは相当因果関係が認められない、とされる場合と思われます（前掲・みずほトラストシステムズ事件。なお、長時間労働の程度（時間数）と相当因果関係とのおおよその関係は、本章Q1も参照してください）。

　　一方、前記②については、そもそも、上司の叱責、職場の人間関係等についてといった問題となる具体的事実関係がさまざまであり（労働時間数のように画一的ではない）、また、同種の事実関係についてもその評価は判断者によって異なる余地がより大きいといえます（特に、同一事案について、会社の法的責任の肯定・否定が分かれた裁判例として、前掲・前田道路事件があります。原審の松山地判平成20・7・1労判968号37頁では会社の責任が肯定されていましたが、高裁では会社の法的責任を否定しました）。また、会社の法的責任が認められる場合でも、過失相殺等、従業員側の帰責割合が大きく認められる余地が大きいのも特色で、会社の責任が全体の3割（つまりは従業員側が7割）とされるような例もよくみられます（前掲・川崎市水道局事件、前掲・三洋電機サービス事件）。

3　設例へのあてはめ

　以上述べたところを前提にすると、実務としての設例の会社の対応としては、まず、その従業員の労働時間数（特に残業の多寡）を調査することとなります。これは、本来、脳・心臓疾患の場合の基準ですが（「血管病変等を著しく増悪させる業務による脳血管疾患及び虚血性心疾患等の認定基準」令和3年9月14日付け基発0914第1号／平成13年通達を20年ぶりに大きく改正したもの）、

法定外の時間外労働（休日労働を含む）が、発症前1カ月におおむね100時間または発症前2カ月間ないし6カ月間にわたって、1カ月あたりおおむね80時間を超えているような場合は、仮に、精神障害についての労災認定基準一般にかかるかどうかは措くとしても、特に注意が必要です。

　また、その従業員が精神的負荷の原因と主張している上司の叱責、人間関係（職場環境）について、関係者の記憶が薄れないうちに、早めに事情聴取を行い、関係者の認識を書面等に記録化しておくことも必須であり、その認識を裏づける資料（社内メール、会議議事録、稟議書等）を確保しておくことも必要です。特に関係者の事情聴取については、昨今の労働市場の流動性の傾向の中、関係者が退職してしまうという例も多く、そうなれば実際問題として緊密な協力を求めることも難しくなることもあります。

☞ 弁護士からのアドバイス

　実務においては、最近、パワーハラスメントによりメンタルヘルス不調に陥ったとの主張が急速に増大しています。メンタルヘルス対策の一環として、会社におけるパワーハラスメント防止措置の重要性を強く感じます。法的にも、改正労働施策総合推進法30条の2以下により、パワーハラスメント防止措置が事業主の義務として明記されたことに留意して（2020年6月1日より。中小事業主については2022年4月1日から義務化。それまでは努力義務）、会社としては、関係指針も参考にして、職場におけるパワーハラスメント防止のために雇用管理上必要な措置を講じることが急務です。

Ⅱ　安全配慮義務違反でよくみられる具体的問題

Q 5　メンタルヘルスと労働時間に関連する問題点

設例　近年、労働者の過重労働とメンタルヘルスとの関係が大きな人事労務問題となっています。過重労働の大きなファクターとして労働時間の問題があると思うのですが、一般に、労働時間と労働者のメンタル不調とはどのように判断されるのでしょうか。

ここがPoint　行き過ぎた長時間労働は、メンタルヘルスの不調に直結することは明らかである。

　ただし、実務上、労働時間数のみがメンタルヘルスの不調の原因になるわけでもなく、仕事の新規性、切迫性といった、労働の質的な面にも注意が必要である。

1　メンタルヘルスの不調の原因としての長時間労働

　わが国では、平成初期（1990年代）のバブル崩壊、2000年代初めのIT不況、2008年のリーマンショックと引き続きの経済的打撃の中、手厚い雇用確保を旨とした労働法制とも相まって、企業は人員削減（特に正社員）の一方で、残った人員に長時間労働を求めることで業務維持を図らざるを得ず、いわゆる働き過ぎ問題が社会的問題としてクローズアップされるに至りました。2018（平成30）年6月に成立し2019（平成31）年4月から順次施行された「働き方改革関連法」も、働き過ぎを防ぎ、働く人の健康を守ることを主

要な眼目としています（厚生労働省「働き方改革〜一億総括役社会の実現に向けて」リーフレット等）。

2　厚生労働省の判断基準

　このように、働き過ぎ（長時間労働）は、メンタルヘルスも含めた労働者の健康に大きな影響を与えることは公知の事実であり、これも厚生労働省のホームページには、「精神障害の労災認定」というパンフレットが掲載されています。その要部を紹介すると、以下のとおりです。

---

①　発症直前の1カ月におおむね160時間超の時間外労働または直前の3週間前におおむね120時間超の時間外労働がある場合

②　発症直前の2カ月連続して1カ月当たりおおむね120時間超の時間外労働または直前の3カ月連続して1カ月当たりおおむね100時間超の時間外労働がある場合は、発症した精神障害と強い因果関係があると判断され、

③　他の出来事（転勤といった環境の変化等）が発生した前後で恒常的な長時間労働（月100時間程度の時間外労働）があった場合は、心理的負荷の強度を修正する要素として評価する（つまりは、精神障害との因果関係を強める方向に評価する）、とされています。なお、以上の時間外労働の数字は、いずれも法定労働時間（1日8時間、週40時間）を超過した労働時間で計算されます。

　ここに示されている基準、時間外労働時間の数字は、それこそ「おおむね」の基準として、非常に参考になるものです。しかし、上述の時間外労働時間数に達していなければ、精神障害が起きてもそれは長時間労働に起因するものではない（因果関係がない）ということになるものではありません（3で紹介する裁判例参照）。時間外労働の時間数は、あくまで、最低限、使用者として注意しなければならない数値として考えておくのが妥当でしょう。

〈図〉　長時間労働がある場合の精神障害の評価方法

長時間労働がある場合の評価方法

長時間労働に従事することも精神障害発病の原因となり得ることから、長時間労働を次の3通りの視点から評価します。

①　「特別な出来事」としての「極度の長時同労働」（P.5）

発病直前の極めて長い労働時間を評価します。

【「強」になる例】
・発病直前の1か月におおむね160時間以上の時間外労働を行った場合
・発病直前の3週間におおむね120時間以上の時間外労働を行った場合

②　「出来事」としての長時間労働（P.7 具体的出来事16）

発病前の1か月から3か月間の長時間労働を出来事として評価します。

【「強」になる例】
・発病直前の2か月間連続して1月当たりおおむね120時間以上の時間外労働を行った場合
・発病直前の3か月間連続して1月当たりおおむね100時間以上の時間外労働を行った場合

③　他の出来事と関連した長時間労働
　　　　　　（P.5 恒常的長時間労働が認められる場合の総合評価）

出来事が発生した前や後に恒常的な長時間労働（月100時間程度の時間外労働）があった場合、心理的負荷の強度を修正する要素として評価します。

【「強」になる例】
・転勤して新たな業務に従事し、その後月100時間程度の時間外労働を行った場合

　　上記の時間外労働時間数は目安であり、この基準に至らない場合でも、心理的負荷を「強」と判断することがあります。

　※　ここでの「時間外労働」は、週40時間を超える労働時間をいいます。

※　厚生労働省パンフレット「精神障害の労災認定」4頁掲載の「解説」（図中の頁数は同パンフレットのものを指しています）

3　参考裁判例

　長時間労働と精神障害についての裁判例は極めて多岐にわたりますが、ここでは以下の二つに絞って紹介します。

　まず、代表的な裁判例として著名なものに、電通事件（最判平成12・3・24労判779号13頁）があります。これは、新入社員が長時間の残業を1年余り継続した後にうつ病に罹患して自殺した事案です。具体的な労働時間数は判例文中からは必ずしも明らかではありませんが、うつ病による自殺に至る最終の2カ月間においては、休日も含めて4日に1回は徹夜、また、最終の1カ月間においては、休日も含めて約2日に1回は午前2時以降に至るまで残業、休日も含めて約3日に1回は午前6時30分に至るまで残業したことになる、と認定されています。形式的な理解では、自殺には本人の意思が介在し、業務が原因とは考えられないということにもなりそうです。しかし、厚生労働省の認定基準によれば、業務による心理的負荷によって精神障害を発病した人が自殺を図った場合は、精神障害によって、正常な認識や行為選択能力、自殺行為を思いとどまる精神的な抑制力が著しく阻害されている状態に陥ったもの（故意の欠如）と推定され、原則としてその死亡は労災認定されます。当該労働者（新入社員）についても、長時間労働によって心身ともに疲労困憊したことが誘因となり、うつ病に罹患し、それが原因で衝動的、突発的に自殺したとして、長時間労働とうつ病罹患、自殺との間に因果関係を認められました。

　また、東芝（うつ病・解雇）事件（東京高判平成23・2・23労判1022号5頁）は、労働者がうつ病を理由とする休職期間を経て解雇された事例ですが、労働者がうつ病を発症する前の約半年間にわたり法定時間外労働時間が平均約70時間であること、その業務内容は新規のラインの短期間での立ち上げに関与するといった業務内容の新規性があり切迫した業務であったこと等により、うつ病は業務に起因する疾病であるとして、当該労働者の主張を認めています（一審判決を維持）。この東芝事件は、厚生労働省による「精神障害の労災認定」にあてはめると、時間外労働の時間数からして、①および②には

達しませんが（現に、裁判に先立つ労働基準監督署の認定では、労災の認定は否定されています）、③にあてはまるものといえるでしょう。

4　労働時間とメンタルヘルスの不調

　以上より、時間外労働の時間数は、メンタルヘルスの不調に極めて重要な要素を占めていることは明らかですが、それだけがメンタルヘルスの不調の原因として考慮されるものではない、ということがいえるでしょう。メンタルヘルスの不調が業務により発生したか否かの（つまりは労災といえるか否かの）判断は、労働時間という労働の量的な面も重要ですが、それは、業務の新規性、切迫性といった労働の質的な面も併せて考えることが肝要といえます。

☞ 弁護士からのアドバイス

　解説で述べましたが、メンタルヘルスの不調の要因として、労働時間数がかなり大きな比重を占める以上、使用者としては長時間労働が続いている労働者の業務を軽減することはもちろんですが、そのためには、労働時間を的確に把握することも必要ですし、労働の効率化を図ることも必要です。労働時間の把握については、労働者が過小に申告する場合も、過大に申告する場合も（いわゆる、だらだら残業）あることにも留意が必要です。

Q6　メンタルヘルスと適切な残業管理との関係

設例　当社では、タイムカードによる労働時間の管理を行っているのですが、タイムカード上はかなりの残業を行っているものの、上司からみると、任せている仕事はそれほど多くはなく、たとえば、朝早く来ていても仕事をしているのかどうかわからないような社員もおります。このような社員が、もし、メンタル不調になった場合でも、会社は、加重労働が原因として責任を負うこととなるのでしょうか。また、もし責任を負うとしたら、どのような対策をとっておくべきなのでしょうか。

　外形上、記録上の労働時間数が長時間であれば、メンタル不調が生じた場合、使用者が責任を負う可能性が高い。

　使用者としては、業務と労働時間（時間外労働）との均衡がとれているかを管理するのが適切である。

1　長時間労働と労災認定、安全配慮義務

　本章Q1等でも述べたとおり、長時間労働の事実は、精神障害の労災認定において重要な影響を与えます。厚生労働省のホームページに、「精神障害の労災認定」と題して、「心理的負荷による精神障害の認定基準」の概要を説明するパンフレットが掲載されています。

　そして、現実に長時間労働の事実があり、労働者にメンタルヘルスの不調が発生した場合、使用者は、当該労働者に長時間労働を行わせた、少なくともそれを避けるような措置をとらなかった、ということを理由として、安全

配慮義務違反（労契法5条）による損害賠償責任を負う場合がほとんどです（代表例として、電通事件（最判平成12・3・24労判779号13頁））。したがって、メンタル不調者が長時間労働を行っていたと認定される場合、その労働の内容如何にかかわらず、使用者としては法的責任を問われる可能性が高いというべきでしょう。

　しかし、現実問題として、同じ会社の従業員の間にも、集中力、効率性に差がみられるのも事実であり、なかには、本設例にもあるように、長時間会社には居るものの、成果が上がっていないとか、そもそも仕事をしているかどうかが上司にも不明である、といった例が実務上もみられます。そのような場合に生じたメンタル不調について、使用者としては法的責任を負うことに疑問を抱くこともやむを得ないところでしょう。

2　参考裁判例からみる時間外労働管理の必要性

　設例の参考になる裁判例としては、日本政策金融公庫事件（大阪地判平成25・3・6労判1108号52頁、大阪高判平成26・7・17労判1108号13頁）があります。これは、公庫の労働者がうつ病を発症して自殺に及んだところ、遺族が、当該労働者の業務が加重であったことが原因であったと主張し、公庫に対して安全配慮義務違反による損害賠償請求を行ったという事案です。一審判決では、当該労働者は、前支店勤務頃から相当の残業を行っており（最後の頃は月約100時間）、最終の支店に移ってからは残業が制限されていたこともあり仕事の遅れを取り戻すことができなかったことが負荷となったと認定し、うつ病発症は過重業務が原因であると判断しました。それに対して、二審判決では、当該労働者の所属していた支店の業務は公庫の職員の平均的な業務量からして過重なものではないこと、当該労働者の担当案件数は前支店の平均を下回っていたこと、最終の支店に移ってからも業務が特に多かったとは認められないこと、当該労働者は早出出勤して朝食をとったり、新聞に目をとおしたりしてその日の仕事の準備をしていたとみるのが相当であること、土日祝日に出勤したことはなく、有給休暇も取得していたことより早出残業が業務上の必要に迫られてなされたとはいえないこと等を理由に、過重

労働の事実を否定しています。

　以上、二審判決からすれば、外形的な労働時間の数字だけで過重労働（長時間労働）が直ちに認められるということではありませんが、一審判決にもあるように、過重労働が認められてしまう可能性も否定できないのが実情です。したがって、使用者としては、担当業務が比較的少ない割に、労働時間が長時間に及んでいる社員に対しては、その業務量を的確に把握することを起点として、その業務を遂行するのに不均衡な長時間の時間外労働になっていないか、もしなっていたとすれば、どこにその原因があるのか、といった管理を行っておくことが必要といえます。

3　時間外労働の管理と業務量の調整

　2で述べたように、担当業務と労働時間（時間外労働）の均衡がとれているかを管理することは使用者の安全配慮義務違反のリスクを避けるためにも、ひいては労働者の健康管理にとっても必要なことなのですが、それでも、担当業務と労働時間との間に明らかに不均衡が生じている労働者がいる場合には、まずはその労働者の業務を軽減しつつ（その分、周囲への負担が増えますが、これはやむを得ないところです）、当該労働者の業務能力の改善を図るべく、指導・教育を行うしかありません。無論、改善がなされない間は、その評価は低いものとなるでしょう。

☞ 弁護士からのアドバイス

　使用者としては、長時間労働を行っている労働者について、その長時間労働の内容、能率までは把握できない場合も多いでしょうが、これを放置しておくと、参考裁判例の一審判決のような判断がなされる可能性があります。殊に、昨今、労働時間の管理は電磁的記録（パソコンのログイン、ログオフ等）で行うことが原則とされつつあり、そうなると、記録上の労働時間と業務とは必ずしも相関関係がない場合が増えてくることが予想されます。手数ではあっても、業務と労働時間数の均衡について、目を配ることが必要でしょう。

Q7　変形労働時間制、フレックスタイム制、事業場外みなし制度、裁量労働制において、メンタルヘルス対策上、考えておくべきこと

設例　当社では、働き方改革の潮流に鑑み、各個人の業務や生活のスタイルに合った働き方を用意するために、変形労働時間制、フレックスタイム制、裁量労働制といったやや変則的な労働時間制度を採用しようかと思っています。こういった労働時間制度の採用において、労働者のメンタルヘルス対策上、注意しておかねばならないことはないでしょうか。

> **ここが Point**　いずれも、柔軟かつ多様な働き方をめざす制度ではあるが、個別の労働者の中には、かえって長時間労働、不規則な生活等の負荷がかかり、労働者のメンタルヘルスにも有害なこともある。制度ごとに、適切な管理および留意が必要である。

1　変形労働時間制、フレックスタイム制、裁量労働制の概要

　近年は、従前よりも、原則的かつ厳格な労働時間制度（労働する時間帯が固定化されている制度）以外の、より柔軟な労働時間制度が活用される場合が広くなってきており、本設例における変形労働時間制、フレックスタイム制、裁量労働制もそういった柔軟な労働時間制度として労働基準法上認められているものです。いずれも、就業規則等への規定、労使協定で所定の事項を定めることが必要です。まずは、概要を説明しておきます。

　変形労働時間制とは、単位となる一定期間内（1月、1年、1週が単位とさ

れます）において、所定労働時間を週当たりに平均した時間が週の法定労働
時間を超えない限り、その一定期間の一部の日、週の所定労働時間が１日ま
たは週の法定労働時間を超えても、法定労働時間を超えたものではないとす
るものです（労基法32条の２、32条の４、32条の５）。単位とされた期間（１
月、１年、１週）の中で、繁忙期は所定労働時間が増えますが、閑散期は所
定労働時間を減らしますので（場合によっては休日とする）、業務に不要な労
働時間が減少することで、労働時間短縮にもつながると期待されています。

　フレックスタイム制とは、労働者の一定の清算期間（３カ月以内）におけ
る総労働時間をあらかじめ定めておき、その範囲内で、就業の時間帯を労働
者の選択に任せる労働時間制度です（同法32条の３）。もっとも、全面的に労
働者の選択に委ねなければならないということはなく、就業しなければならな
い一定の日、時間帯（コアタイム）を設定することもできます。労働者が
ワーク・ライフ・バランスを図りながら、効率的に働くことで、労働時間を
短縮する効果が期待されています。

　裁量労働制は、業務の性質上、労働者の裁量が大幅に認められる一定の業
務に従事する労働者について、実際に日々労働に従事した時間ではなく、あ
らかじめ定めた労働時間数分のみ労働したとみなす制度のことです。その類
型には、専門業務型裁量労働制（労基法38条の３）と企画業務型裁量労働制
（同法38条の４）とがあります。これも、労働者が自ら最も能率が高いと考え
る時間の使い方をもって業務を行うことで、結果として、労働の効率化、労
働時間の短縮化の効果も期待されています。

　しかし、いずれの制度も、原則的な労働時間制度ではなく、そのうえ、フ
レックスタイム制、裁量労働制などは、労働時間帯を労働者の自主的判断に
委ねるので、状況によってはかえって長時間労働につながるおそれもあり
（厚生労働省「裁量労働制実態調査」〔2021年６月25日公表〕によると、裁量労
働制が適用されている労働者の１日の平均労働時間は９時間、適用されていない労
働者は８時間39分であり、適用者のほうが21分長い）、いずれにせよ、以下で述
べるとおり労働時間を的確に把握し、過度の長時間労働につながらないよう
に管理する必要があるとされています。

2　変形労働時間制の場合

　変形労働時間制における留意点は、労働時間の把握が原則的な労働時間制（始業時刻、終業時刻が固定されている場合）とは異なるため、単位期間のうち所定労働時間が長い期間（たとえば、1年単位での変形労働時間制における繁忙期）では、見た目の時間外労働時間数が若干少なく出ることで、労働者の負荷の実態を見誤る可能性があります。

　また、労働時間の変形が、たとえば短期間の間に、長時間の日と短時間の日との差が大きいような場合、労働者のコンディションによってはその心身に負担をかける場合もあるので、注意が必要です（労働者からの変調の申出には慎重に対処すべきです）。

3　フレックスタイム制の場合

　フレックスタイム制は労働時間帯を労働者の自由に委ねるため、労働者の性格によっては（特にいわゆる「凝り性」のような場合）、長時間労働につながるおそれもありますし、現実に、フレックスタイム制の適用の結果、昼夜逆転型の生活になってしまう者もいないわけではありません。この場合、使用者の業務上も支障があるのみならず、労働者のメンタルヘルスにとってもマイナスです。

　したがって、フレックスタイム制においては、明らかに適性がない個別の労働者については、会社の判断によりその適用を解除できる等の権限規定を設けておくことが便利です。そのうえで、業務内容との兼ね合いともなりますが、昼夜逆転の者がでないように一定のコアタイムを設けたり（正午あたりの2〜3時間をコアタイムとすることも考えられます）、あまりに労働時間が過多になっている者については、その時間の使い方を本人との面談等をとおして検証することも必要です（それでも改善しない場合は、上述の適用解除という方策を検討することとなります）。

4　裁量労働制の場合

　裁量労働制は、フレックスタイム制よりもさらに、労働時間の設定につい
て労働者の任意に委ねられており（フレックスタイム制のような清算期間ごと
の総量の枠もありません）、しかも、成果が求められる業務に従事しているこ
とが多いので、労働者の性質、責任感によっては、著しい長時間労働に陥っ
てしまう可能性がある制度といえます。

　したがって、裁量労働制の場合には、制度対象の労働者の労働時間の状況
等の勤務状況の把握とそれに基づく健康・福祉確保措置、苦情処理措置の実
施が求められています。すなわち、専門型裁量労働制の場合には、労働基準
法38条の３第１項４号・５号より、裁量労働制の実施要件として締結しなけ
ればならない労使協定において記載されなければなりません。また、企画型
裁量労働制の場合でも、実施において設けられることが要件となっている労
使委員会において、決議しなければならないとされています（同法38条の４
第１項１号～５号）。

☞ **弁護士からのアドバイス**

　変形労働時間制、フレックスタイム制、裁量労働制は、その活用を間違える
と、労働者のメンタルヘルスにも有害となってしまうこともあり得ます。解説
にある問題点に留意するとともに、使用者に相談・苦情等を申し出やすい環境
を設けることができれば最善です。それには、日常において、使用者の側から
対象となっている労働者に対して、不都合なり悩んでいることはないか、と問
いかけていくことも必要かも知れません。

　なお、新型コロナウイルスの感染拡大を受けて、厚生労働省は2021（令和
３）年３月25日付けで「テレワークの適切な導入及び実施の推進のためのガイ
ドライン」を改定しました。本ガイドラインは、在宅勤務等のテレワークにお
ける労働時間管理の問題を詳述し、長時間労働対策にも紙幅を割いています。
また、「自宅等でテレワークを行う際のメンタルヘルス対策の留意点」という
項目も掲げていますので、十分な確認が必要です。

Q8　メンタルヘルス問題を理由に転勤を拒否してきた場合の対策

 設例　当社では、無期雇用社員は、特に職種や勤務場所を限定することなく、全国転勤を前提に採用しています。そこで、ある中堅社員に、東京から地方への単身赴任が必要となる転勤を打診したところ、自分はうつ病で通院中なので、ストレスのかかる単身赴任はできないとの回答が返ってきました。会社としては、転勤命令の例外を許していては、業務に支障がありますし、社員間の公平も保てません。どのような対策をすればよいでしょうか。

ここが Point　使用者は労働者に対して安全配慮義務を負っている以上（労契法5条）、メンタル不調を申し出ている社員に配慮せず当然に異動を強行することは配慮義務を尽くしていないと判断される。

本人の意見、不安を聴取し、協議を行うとともに、本人の現状を診断書等で把握したうえで、配転の可否、業務内容につき医師に意見を求めつつ、判断するというプロセスが必要である。

1　企業における配転権および裁判例

使用者は、労働契約の定めの範囲内で、労働者の職務内容または勤務場所を変更する権限、いわゆる配転権を有しており、本設例のような長期的雇用を予定した無期雇用社員については、人事権の一内容として、広汎な配転権が認められる傾向が強いところです

　ただし、その配転権も権利の濫用は許されません。無期雇用社員で職務・職種の限定がない労働者への転勤を伴う配転命令が問題となった代表的な裁判例である東亜ペイント事件（最判昭和61・7・14労判477号6頁）では、「使用者の転勤命令権は……これを濫用することの許されない……ところ、当該転勤命令につき業務上の必要性が存する場合であっても、当該転勤命令が他の不当な動機・目的をもってなされたものであるとき若しくは労働者に対し通常甘受すべき程度を著しく超える不利益を負わせるものであるとき等、特段の事情の存する場合でない限りは、当該転勤命令は権利の濫用になるものではない」とし、「業務上の必要性についても、当該転勤先への異動が余人をもって容易に替え難いといった高度の必要性に限定することは相当ではなく、労働力の適性配置、業務の能率増進、労働者の能力開発、勤務意欲の高揚、業務運営の円滑化など企業の合理的運営に寄与する点が認められる限りは、業務上の必要性の存在を肯定すべき」と判示しています。

　つまりは、ある程度の業務上の必要性があれば、不当な動機・目的（いわゆる、追い出し部屋的な配転等）、あるいは労働者に対し甘受できないような著しい不利益があるといったような特別な場合でなければ、当該配転命令は権利濫用にはならない（すなわち有効である）ということとなります。

　そこで、本設例のような、当該労働者が何からの疾病や心身の不調をもっている場合には、当該配転命令が、労働者に対し甘受しがたい不利益となるか否か、が問題となります。

2　メンタルヘルスの不調をもっている労働者と配転命令

　1で述べたとおり、本設例では、配転命令が労働者に対し甘受しがたい不利益となるか否かを検討しなければなりませんが、その多くは、配転命令が労働者の健康を害することがないかどうかの考慮ということとなります。

　ここで参考になる裁判例を二つあげます。まず、ボーダーフォン事件（名古屋地判平成19・1・24労判939号61頁）は、うつ病に罹患した労働者に配転を命じ、配転を拒否したために説得して配転したところ、当該労働者が自殺したという事案につき、「一般に、使用者は、……（安全配慮義務）を負う。

そして、使用者が労働者に対し、異動を命じる場合にも、使用者において、労働者の精神状態や異動のとらえ方等から、異動を命じることによって労働者の心身の健康を損なうことが予見できる場合には、異動を説得するに際して、労働者が異動に対して有する不安や疑問を取り除くように努め、それでもなお労働者が異動を拒絶する態度を示した場合には、異動命令を撤回することも考慮すべき義務がある」としています（ただし、事案の結論としては、使用者は労働者のうつ病罹患を認識し得なかったとして、使用者の安全配慮義務違反による責任を否定しています）。

　また、市川エフエム放送事件（千葉地判平成27・7・8労判1127号84頁）は、労働者が自殺未遂の後、当人の希望もあり職場復帰させたところ、約10日後に退職し自殺に及んだという事案について、専門家の助言を得ることなく、使用者だけの判断で職場復帰および業務内容を決定したことにつき、専門家の診察や相談を経るべきであったとして、使用者の安全配慮義務違反を認めています。

　以上から本設例につき検討すると、使用者としては当該労働者への安全配慮義務を果たすためには、配転を強行するのではなく、まずは、労働者の意見を聞き、協議することで、異動に対して有する不安や疑問を取り除くように努めなくてはなりませんし、その協議と併せて、当該労働者の現状についての診察結果を参考にしつつ（診断書を提出してもらうのが確実です）、配転の可否、配転するに際しての業務内容、条件、留意点などにつき、医師（主治医および産業医）の意見を丁寧に聴取することが必要となります。

　このような専門医の意見も交えた丁寧な検討プロセスを経た結果、地方への転勤は当該社員のうつ病の治療にとって適切ではないという結論に至った場合には、会社としては当初の配置転換の構想は撤回せざるを得ません。これは確かに「転勤命令の例外」であり、人員の配置を練り直す必要が生じるなど「業務に支障」が出る面もあるでしょう。しかし、「社員の公平」を保てないのではなく、使用者として当然の配慮義務を尽くした結果です。

　人事施策の変更を余儀なくされるような事態とならないためにも、迂遠ではありますが、日頃から社員の心身の健康に十分な配慮をして、メンタル不

調者が出ないための予防的な施策を行うことが重要です。

☞ **弁護士からのアドバイス**

　メンタルヘルスの問題は、外観からはその不調の有無、程度がわかりにくいので、常に、専門家の意見を聴取しつつ、人事的措置を検討することが必要です。これは配転の場合のみの留意事項ではありませんが、配転は、殊に当該労働者の環境の変化（それに伴うストレスの増加）が生ずるので、特に慎重な考慮が必要となります。なお、実務においては、複数の医師の意見を聴取した場合、判断が分かれることが少なくないのですが、その場合の対応については、第6章Q4を参照してください。

Q9　海外出張・赴任とメンタルヘルス対策

設例　従業員に対して、海外出張や海外赴任を命じることは、当人にとってはストレスがかかる場合もあると思います。会社としては、どのような配慮を行えばよいのでしょうか。

ここがPoint　海外出張・赴任を行う労働者の状況、仕事内容等を勘案し、できるだけその精神的負荷を軽減する方策をとるべきであり、そのためには、渡航前および現地での業務遂行中に悩みや相談を受けることができる体制づくりが重要である。

1　海外出張・海外赴任の法的意味

海外出張と海外赴任とは、いずれも「海外」において仕事を行うという点では同じですが、通常の用語でいえば、海外「出張」は、短期間（長くても数カ月）、正式に所属する部署も国内の部署のままで、海外の部署や支社の業務を応援するという立場で海外に移動して仕事を行う場合を指称する一方で、海外「赴任」とは、比較的長期間（通常は1年超）、所属する部署も正式に海外の部署や支社に移し、その部署や支社の正式な一員として海外での仕事を行う、といった場合を指称すると解されます。なお、部署への所属は、基本的には指揮命令系統に属しているか否かで判断されるところです。

本来、使用者は、業務命令権、配転権といった人事権により、労働者の職務内容、職務場所の配置・変更を命じ得るものですが、殊に海外赴任の場合は、労働者の公私の生活に対する影響が大きいので、就業規則にあらかじめ海外転勤等の根拠規定がある場合か、当人の合意があるといった場合でなければ、使用者の側で一方的に命令することはできないと解するのが一般で

す。もっとも、海外出張も海外赴任も、形式的に使用者に権限があるとしても、いずれも権利濫用法理の適用を受けるのは、国内における配転の場合と変わりありません。すなわち、労働者の健康状況に照らして、当該海外出張命令・海外赴任命令により労働者の健康を害する危険が通常の注意で予見できるような場合は、使用者が労働者に対して負う安全配慮義務（労契法5条）の視点からも、当該海外出張命令・海外赴任命令は控えるべきといえます。海外出張、海外赴任の場合は、慣れない環境という度合いが大きいので、使用者側としては労働者の健康保持のために、国内の配転の場合よりも丁寧な配慮が必要となるでしょう。

2　メンタルヘルスからみた場合の海外出張・海外赴任

　海外出張・海外赴任による労働者へのストレスに関連する裁判例を二つほど上げます。まず、国・北大阪労基署長（スターライト工業）事件（大阪地判平成20・5・12労判968号177頁）は、中国への工場移管プロジェクトの責任者として中国支社への出向を命じられ、心理的負荷の強い仕事を継続して担当しなければならないこととなったこと、それまでにも当該プロジェクトが遅滞しており解決の見通しがつかない状態にあったこと等を勘案し、当該労働者のうつ病罹患・自殺は、海外支社出向命令と因果関係があると判断しています。また、加古川労基署長（神戸製鋼所）事件（神戸地判平成8・4・26労判695号31頁）は、長期の海外出張により（なお、出張先はインドの中でも僻地であり、生活環境が国内とは大きく違ったこと、通信状況も悪く会社の指示も受けにくかったこと、当該労働者が入社後1年に満たない新入社員であったこと等の事情がありました）当該労働者が心因性精神障害を発症したとして、これも当該労働者の自殺との間に因果関係を肯定しています。

　以上より、海外出張・海外赴任が、即、労働者のメンタルに障害を与えるものとはいえないとしても、その他の事情（一つ目の裁判例でいえば、負荷の強い仕事を継続して担当しなければならないという事情）とも相まって、メンタルヘルスの不調を誘発する危険性を、常に勘案しなければならないといえるでしょう。

225

　なお、厚生労働省パンフレット「精神障害の労災認定」にある「業務による心理的負荷評価表」においても、「転勤をした」という出来事について、転勤先が初めて赴任する外国である等の場合に本人への心理的負荷の強度が「強」となる具体例が明記されています。

3　設例へのあてはめ

　本設例について考えると、海外出張や海外赴任を命じる際には、その業務がどれだけの負荷を労働者に与えるか、また、受ける労働者の状況（健康状態のみならず、業務への慣れ、海外生活の経験等）等を考えて、その負荷を軽減する措置をとるのが適切です。そのためには、事前によく労働者とは話し合って不安点を聞き対処することはもちろんですが、海外に行った後も、緊密に連絡をとれる状態を確保し、その悩み、希望を聴取し、負荷を軽減する方策をとれる体制を整えるのが妥当です。海外赴任者のメンタルヘルスをマネジメントするうえで、緊急帰国をはじめとする迅速な対処が要請されるという点は、重要なポイントです。

　なお、海外赴任者が海外の現地法人に雇用されている場合は日本の法律は適用になりませんので、会社として法的にはストレスチェックの実施義務はありませんが、海外赴任者への配慮を尽くしてメンタル不調の予防をするという意味で、実施を検討したほうがよいと思います。日本の企業から現地に長期出張している社員の場合は、一般健康診断と同様にストレスチェックを実施する必要があります。

☞ 弁護士からのアドバイス

　労働者からの悩み、相談の内容については、記録化して資料にすべきです。そうした生の声による悩み、相談の蓄積が、後に続く海外出張・赴任者へのケアに役立つことが予想されます。無論、そういった悩み、相談に対しては、なるべく迅速にできる措置をとるのが肝要です。

Q10　ハラスメントとメンタルヘルスの関連と対策

設例
　ニュース報道を見ていますと、ハラスメント（特にパワーハラスメント）が原因で精神疾患になってしまったという事件を目にします。実際に、精神疾患を招いたハラスメントにはどのような例があるのでしょうか。

　また、どのような対策を怠った場合に、会社が責任を問われることになるのでしょうか。

　パワーハラスメントが精神疾患を招いたとされる裁判例は近年増加し、また、都道府県労働局における「いじめ・嫌がらせ」の相談件数も急増し、対策は喫緊の課題となっている。

　こうした社会的背景の下、労働施策総合推進法の改正により職場におけるパワーハラスメント防止措置を講じることが事業主に義務づけられた（2020〔令和2〕年6月1日改正法施行。中小企業は2022〔令和4〕年4月1日より義務化）。雇用管理上の措置・対策としては、厚生労働省が出している指針が参考になるが、さらに重要なのは、パワハラにならないような注意・指導のあり方について、職場の管理職に研修・指導することである。

1　ハラスメントとメンタルヘルスの関連性

　昨今、さまざまな職場内におけるハラスメントが社会問題化しています（セクシュアルハラスメント、パワーハラスメント、マタニティーハラスメントがよく聞くものですが、ほかにも、アカデミックハラスメント、アルコールハラスメントなどと呼ばれるものもあります）。特に、本設例にもあるパワーハラス

メント（以下、「パワハラ」ともいいます）は、まさに職場における業務に関連して生ずることが多いところです（業務とは、必然的に指揮する上司と指揮される部下とが存在するため）。改正労働施策総合推進法30条の2（雇用管理上の措置等）を前提として、厚生労働省のパワハラ指針（「事業主が職場における優越的な関係を背景とした言動に起因する問題に関して雇用管理上講ずべき措置等についての指針」（令和2年厚生労働省告示第5号））は、「職場におけるパワーハラスメントは、職場において行われる①優越的な関係を背景とした言動であって、②業務上必要かつ相当な範囲を超えたものにより、③労働者の就業環境が害されるものであり、①から③までの要素を全て満たすものをいう。なお、客観的にみて、業務上必要かつ相当な範囲で行われる適正な業務指示や指導については、職場におけるパワーハラスメントには該当しない」としていますが、これら①〜③の要素のうちの「②業務上必要かつ相当な範囲を超えた」といえるかどうかについての判断が難しいため（業務上、必要な注意・指導等がパワハラに該当しないことはこの要件があるためです）、実務上の最大の難点の一つとなっています。

　しかし、実社会の職場には、明らかにパワハラとみるべき行動も多く存在するのも確かであり、それにより労働者にメンタルヘルス上の問題が生じているのも事実です。そのために、厚生労働省のホームページにアップされている「精神障害の労災認定」に掲載されている、「心理的負荷による精神障害の認定基準」別表1の「業務による心理的負荷評価表」にある「⑤対人関係」の欄において、パワハラとみられる事象の具体例をあげて、それにより生ずる労働者への心理的負荷の強弱の判断例を掲載しています。これによると、たとえば上司の部下に対する言動が業務指導の範囲を超え、人格や人間性を否定する言動が含まれ、かつ、執拗に行われた、といったようなことがあれば、労働者への心理的負荷は「強」とされます。「強」とされる事象があれば、原則として、労働者に生じた精神障害には業務起因性があり、労災と認定されます（なお、上記の「精神障害の労災認定」には、セクシュアルハラスメントについても記載されているので、この点でも参考になります）。

　この厚生労働省の「精神障害の労災認定」は、パワハラとメンタルヘルス

不調との因果関係（業務起因性）について、一定の指針を与えるものではありますが、実務で生ずる事例はそれこそ千差万別であり、各事案についての判断は、具体的事例に則して判断を行った裁判例の検討を経なければなりません。

2　具体的な裁判例

　パワハラ（およびそれに類似する事象）とメンタルヘルスの不調（精神障害の労災）について判断した裁判例も、最近、実に多岐にわたります。両者の因果関係を肯定した裁判例として、比較的最近かつ有名なものには、M社事件（名古屋地判平成26・1・15労判1096号76頁）、サントリーホールディングスほか事件（東京地判平成26・7・31労判1107号55頁、東京高判平成27・1・28労経速2284号7頁）、国・広島中央労基署長（中国新聞システム開発）事件（広島高判平成27・10・22労判1131号5頁）等があり、また、否定した裁判例としては、医療法人健和会事件（東京地判平成21・10・15労判995号54頁）、平塚労働基準監督署長事件（東京地判平成24・4・25労経速2146号3頁）等がみられます。

　なかには、パワハラによる精神障害にとどまらず、それによる自殺にまで因果関係を肯定している（すなわち、使用者の責任を肯定することとなる）裁判例も少なくないので、注意が必要です。

3　会社のとるべき対策（骨子）

　会社のとるべき対策としては、無論、パワハラそのものを事前に防止することが最優先となります。

　厚生労働省のホームページには「職場におけるハラスメントの防止のために（セクシュアルハラスメント／妊娠・出産・育児休業等に関するハラスメント／パワーハラスメント）」という表題のサイトがあり、パワハラに関しては、パワハラ指針およびそのリーフレット等が掲載されていますので、これらを参照のうえ、使用者としてどのような措置を講ずべきか確認する必要があります。この指針にある、使用者が労務管理上講ずべき措置の内容の大項目と

してあげられているものは、

* 　事業主の方針等の明確化およびその周知・啓発

* 　相談、苦情に応じ、適切に対応するために必要な体制の整備

* 　職場におけるパワーハラスメントに係る事後の迅速かつ適切な対応

* 　上記の措置と併せて構ずべき措置

であり、そのほかに、望ましい取組みの内容として、相談窓口の設置や研修の実施などがあげられています。

　なお、超大手メーカー企業で起きたパワハラ問題を社長自ら乗り出し和解し決着したことが、2021年に新聞紙上等で大きく取り上げられ世間の耳目を集めました。当初、この上司のパワハラ行為は幹部や経営トップには認識されていなかったところ、労災認定されたことを受けて、当該企業はパワハラ行為と亡くなった従業員の自殺との因果関係を認め、徹底した再発防止策を誓い、解決金を支払うことで遺族と和解したとのことです。当該企業が社長主導で再発防止策を表明した一連の動向からみえるのは、パワハラ問題が深刻な人権問題であり、企業評価にかかわる大きな経営リスクであるということです。どのような企業規模であれ、経営者や管理職者はこの点をあらためて強く認識する必要があります。

☞ **弁護士からのアドバイス**

　パワーハラスメントは、いまや、長時間労働と並んで、メンタルヘルス不調の原因として主張される頻度の高い問題です。もっとも、業務上必要な注意・指導についても、パワーハラスメントであると主張されることも少なくなく、職場の管理職に対し、ハラスメントにならない適切な注意・指導の方法について、研修・指導を行うのが必須でしょう。

第 9 章

メンタルヘルス問題に対応する就業規則の改訂文例

1　はじめに

　すでに本書で何度か触れているところですが、メンタルヘルス対策における会社制度のうち中心的なものは私傷病休職制度であり、これは法律に規定があるものではなく、会社により就業規則上創設された解雇猶予を目的とする制度です。

　したがって、私傷病休職制度の内容、たとえばその要件や効果は、基本的には就業規則の定め方によって決定されます。

　ところが、歴史がある会社ほど、現在のようにメンタルヘルス問題が顕在化する前に私傷病休職制度を創設しており、その中には、すでにメンタルヘルスが従業員の疾病の主流をなしつつある現状に対応ができていないものが散見されます。

　本章では、筆者の実見してきたところに基づき、現状に対応できていない就業規則の例、およびそれに対する望ましい改訂例、更には改訂の意味・実益を、簡単に説明します。

2　私傷病休職制度の適用関係

〈旧態の文例〉

第○条　会社は従業員が次の各号の一に該当するときは，休職を命じる。

(1)　（略）

〈時代に合った文例〉

第○条　会社は従業員が次の各号の一に該当するときは、休職を命じる。

(1)　（略）

2．前項は、試用期間中の者には適用されない。

☞ **弁護士からのアドバイス**

　私傷病休職制度は、私傷病により労務提供が不能となった従業員に対する解雇を猶予する制度ですが、これは、長期雇用の状態に入ることにつき、会社と従業員の双方が了解に達した場合に適用されるのが、通常の意識です。しかし、旧態の文例では、試用期間中の者にまで、私傷病休職制度が適用されるリスクがあります。

　なお、期間雇用者については、働き方改革関連法の一環として2020（令和２）年４月に施行されたいわゆるパートタイム・有期雇用労働法（中小企業への適用は2021〔令和３〕年４月）に基づき、「均衡待遇規定」（同法８条）、「均等待遇規定」（同法９条）等にそって正社員就業規則と別個の就業規則を設け、そこで、休職制度についても整備することが必要です。第５章Ｑ２・Ｑ３を参考にしてください。

3　メンタルヘルスの不調が疑われる者への受診命令

――〈旧態の文例〉――

 第○条　会社は社員に対し、採用の際及び毎年1回定期の健康診断を行う。

――〈時代に合った文例〉――

 第○条　会社は社員に対し、定時・随時の会社指定医による健康診断を行う。

☞ 弁護士からのアドバイス

　受診命令は、会社として従業員の健康保持のための重要な手段ですが、従業員によっては、自己のプライバシーの保持を理由に、これを拒否する者も一定数存在しますので、そうした事例への対処が必要です。また、会社としては、従業員には社会的に信用のおける医師の診断を受けてほしいところですから、会社指定医による診断を規定するのが望ましいのですが、従業員の医師選択の自由（安衛法66条5項ただし書）との関係で制約を受ける場合もあります。

4 出勤停止等の措置

〈旧態の文例〉

（特に規定がない）

〈時代に合った文例〉

第○条 第○条の健康診断の結果、就業に適さないと認められる場合、若しくは会社の命じる健康診断を受けない場合、その他特に健康保持上必要がある場合は次の措置をするものとする。

(1) 就業を一定期間禁止または制限する。

(2) 配置転換する。

(3) その他必要な措置をとる。

2 前項に該当する者で就業を禁止された場合、その期間中は欠勤または休職として取り扱い、その間は無給とする。

☞ 弁護士からのアドバイス

　健康診断の結果、従業員に健康上異常が認められても、即、休職を命じられるとは限りません（休職を命じるには、就業規則上の休職命令に関する要件が必要）。また、そもそも健康診断を拒否する者も現実に存在します。その場合、健康上の異常の度合いによっては、周囲の従業員の業務に支障を来すおそれがあり、速やかな措置が必要な場合があります。

5　私傷病休職命令の要件

〈旧態の文例〉

第○条　会社は従業員が次の各号の一に該当するときは、休職を命じる。

(1)　業務外の傷病により欠勤（欠勤中の休日も含む）が引き続いて○か月に達し、療養を要するとき

(2)　（略）

〈時代に合った文例［その1］〉

第○条　会社は従業員が次の各号の一に該当するときは、休職を命じる。

(1)　直近○か月間で○日以上欠勤の場合は休職とする。

(2)　（略）

2　前項1号の適用においては、1日○時間以上の就業をもって出勤とする。

〈時代に合った文例［その2］〉

第○条　会社は従業員が次の各号の一に該当するときは、休職を命じる。

(1)　業務外の傷病により欠勤（欠勤中の休日も含む）が○日に達し、療養を要するとき。

(2)　（略）

2　前項1号の欠勤は、欠勤の中断期間が1か月未満の場合は前後の欠勤期間を通算し、連続しているものとみなす。この場合、出勤日数を除いた前後の欠勤日数を通算して欠勤日数とするが、通算は複数回にわたっても行われる。

また、前項1号の適用においては1日○時間以上の就業を

もって出勤とする。

☞ 弁護士からのアドバイス

　精神疾患の場合、出勤と欠勤を断続的に繰り返す場合が少なくありませんが、旧態の文例によると、このような場合にはいつまでも休職を命じることができず、会社としては当該従業員を就業要員（業務上の戦力）とすべきか否かを確定できない、という事態が生じ得ます。断続的に欠勤するような者に責任ある仕事を任せるわけにはいかず、むしろ一定期間療養した後完全に復帰してくれたほうが会社としてははるかにプラスでしょう。

6　私傷病休職からの復職の判断

―〈旧態の文例〉――――――――――――――――――――

　第○条　休職期間満了までに休職事由が消滅したときは、従業員はすみやかにその旨を会社に通知し、復職願を提出しなければならない。ただし、第○条第○項第○号の休職を除く。

―〈時代に合った文例〉――――――――――――――――――

　第○条　私傷病による休職期間満了までに休職事由が消滅したときは、従業員はすみやかにその旨を会社に通知し、医師の診断書と共に復職願を提出しなければならない。

　2　休職の事由が傷病による場合は、従業員に会社指定医の診断書の提出を求めることがある。

☞ 弁護士からのアドバイス

　精神疾患についての診断は、体の病気以上に、医師によってその診断結果が分かれます。しかも、医師によっては、受診者の要請を受けてその意に沿うような診断書を作成してしまう例も裁判例に少なからずあり、そうでなくとも、受診者や会社の業務内容を知らないまま、受診者の就業の可否（復職の可否）について意見を書く医師も散見されます。

　したがって、受診者の就業の可否につき実情に合った判断を会社が行うためには、上記の〈時代に合った文例〉のような条項が望ましいところです。なお、仮に従業員が会社指定医の診断を拒否し続けたとしても、当該従業員を診断した医師（通常の場合、主治医）の診断書（診断結果）について、当該医師への面談によりその診断の実情を聴取することは可能です。

7　リハビリ出社・リハビリ出勤に関する定め

〈旧態の文例〉

（特に規定がない）

〈時代に合った文例〉

第○条　私傷病休職期間中、従業員からの申し出により、一定条件下において、ならしのための出社または勤務を認めることがある。

2　前項の出社、勤務における諸条件（就業日時、業務内容、就業場所、賃金等）については、会社と従業員と協議の上、会社が決定するものとする。

☞ **弁護士からのアドバイス**

　メンタルヘルスの不調により私傷病休職の状態にある従業員のスムーズな復帰を手助けするためには、いきなり休職前の状態に復せしめるよりは、段階を踏んで徐々に通常勤務へと慣らしていくことが望ましいとされています。その場合、その性格がならしのための出社なのか、あるいは、ならしのための勤務なのか、また、労働条件はどのように設定されるのか、就業規則上に定められている通常時における労働条件との関係はどうなるのか等について、トラブルになることのないように、リハビリ出社・リハビリ出勤の目的、諸条件の定め方等についてあらかじめ定めておく必要があります。

8　復職後の欠勤に対する対応（休職期間の通算規定）

──〈旧態の文例〉────────────────────

✕　**第○条**　休職期間は次のとおりとする。

　(1)　第○条第○項第○号の事由によるもの：

　　　　勤続満1年未満の者　　　　　　○か月

　　　　勤続満1年以上5年未満の者　　○か月

　　　　勤続満5年以上の者　　　　　　○か月

　(2)　（略）

──〈時代に合った文例［その1］〉────────────

○　**第○条**　休職期間は次のとおりとする。

　(1)　第○条第○項○号の事由によるもの：

　　　　勤続満1年未満の者　　　　　　○か月

　　　　勤続満1年以上5年未満の者　　○か月

　　　　勤続満5年以上の者　　　　　　○か月

　(2)　（略）

　2　第○条第○項第○号による休職（私傷病休職）で、復職後1年以内に、同一若しくは類似の傷病により欠勤したときは、その欠勤開始日より再休職とみなし、前回の休職期間と通算する。

──〈時代に合った文例［その2］〉────────────

○　**第○条**　休職期間は次のとおりとする。

　(1)　第○条第○項第○号の事由によるもの：

　　　　勤続満1年未満の者　　　　　　○か月

　　　　勤続満1年以上5年未満の者　　○か月

　　　　勤続満5年以上の者　　　　　　○か月

　(2)　（略）

　2　第○条第○項第○号による休職（私傷病休職）で、傷病により欠勤したときは、その欠勤開始日より再休職とみなし、前回の休職期間と通算する。

☞ 弁護士からのアドバイス

　精神疾患の場合、体の病気と比較して、いったん寛解して傷病より回復しても、再発して就業不能となる場合が少なくありません。そうした場合でも〈時代に合った文例〉の2項のような規定（休職期間通算規定）がないと、精神疾患による就業不能になるたびに新たな休職開始となり、毎回、休職期間ゼロから所定の休職期間満了にならなければ、退職または解雇にならない、という事態も生じ得ます。筆者の側聞した例でも、会社在籍約10年のうち、半分以上を休職〔しかも有給〕で過ごしているというケースがありました。休職期間通算規定は、こうした不合理な事態を避けようというものです。なお、〈時代に合った文例〉の［その1］に比して［その2］は、前回の私傷病休職の原因たる傷病との同一・類似性を問わずに、しかも前回の私傷病休職よりどれほど期間が経っても、再休職に付せるという点が［その1］と異なりますが、［その1］に比して〈旧態の文例〉との違いが大きく、〈旧態の文例〉のような規定を採用していた会社の場合、いきなり［その2］に変更するにはいささかドラスティックな決断を要するでしょう。

　ちなみに、［その1］においては、前回の休職後1年をもって休職期間通算規定が適用される制限期間としていますが、精神疾患の再発の実情に照らせば、最低でも6カ月は必須であり、文例のとおり1年程度を設けるのが適切です。

9　その他

これまであげた 2 ～ 8 の文例以外にも、

① 　休職前の欠勤の取扱い（有給か無給か）

② 　休職期間中の取扱い（有給無給の別、勤続期間算入の有無の別等）

③ 　復職後の取扱い（職務および労働条件）

といった諸問題が存します。各企業の実態に合わせて、整備、検討が必要に
なるでしょう。

10　メンタルヘルスに関連して整備すべき文例

比較的最近の法改正にも留意し、労働者のメンタルヘルス保全のために整
備すべき就業規則の文例をあげますので参考にしてください。

厚生労働省ホームページにある「モデル就業規則」（令和 3 年 4 月版）より
転記した文例には、その旨明記しました（ただし、条数については単に○条と
しています）。

（職場のパワーハラスメントの禁止）

第○条　職務上の地位や人間関係などの職場内の優越的な関係を背景と
した、業務上必要かつ相当な範囲を超えた言動により、他の従業員の
就業環境を害するようなことをしてはならない。

【職場のパワーハラスメントの禁止】

職場におけるパワーハラスメントを防止するために、事業主は、雇用管理
上必要な措置を講じなければならないこととされています（労働施策の総合
的な推進並びに従業員の雇用の安定及び職業生活の充実等に関する法律（昭
和41年法律第132号。以下「労働施策総合推進法」といいます。）の改正30条
の 2。2022（令和 4 ）年 3 月31日まで中小企業は努力義務）。

令和 3 年 4 月版「厚生労働省　モデル就業規則12条」より

※　職場における「パワーハラスメント」とは、職場において行われる(1)優越的な関係を背景とした言動であって、(2)業務上必要かつ相当な範囲を超えたものにより、(3)従業員の就業環境が害されるものであり、(1)〜(3)までの要素をすべて満たすものをいいます。

※　客観的にみて、業務上必要かつ相当な範囲で行われる適正な業務指示や指導については、該当しません。

※　厚生労働省による「パワーハラスメント対策導入マニュアル」〔第4版〕には、「パワーハラスメントの防止に関する規程」、「パワーハラスメント防止に関する協定書」の文例が掲載されていますので、参考にしてください。

※　「職場におけるパワーハラスメントの防止のために講ずべき措置」
　　事業主は、以下の措置を必ず講じなければなりません（義務）。

◆　**事業主の方針等の明確化およびその周知・啓発**

①　職場におけるパワハラの内容・パワハラを行ってはならない旨の方針を明確化し、従業員に周知・啓発すること

②　行為者について、厳正に対処する旨の方針・対処の内容を就業規則等の文書に規定し、従業員に周知・啓発すること

◆　**相談に応じ、適切に対応するために必要な体制の整備**

③　相談窓口をあらかじめ定め、従業員に周知すること

④　相談窓口担当者が、相談内容や状況に応じ、適切に対応できるようにすること

◆　**職場におけるパワーハラスメントにかかる事後の迅速かつ適切な対応**

⑤　事実関係を迅速かつ正確に確認すること

⑥　速やかに被害者に対する配慮のための措置を適正に行うこと（注1）

⑦　事実関係の確認後、行為者に対する措置を適正に行うこと（注1）

⑧　再発防止に向けた措置を講ずること（注2）

　（注1）事実確認ができた場合、（注2）事実確認ができなかった場合も同様。

◆　**そのほか併せて講ずべき措置**

⑨　相談者・行為者等のプライバシー（注3）を保護するために必要な措置を講じ、その旨従業員に周知すること

（注３）性的指向・性自認や病歴、不妊治療等の機微な個人情報も含む。

⑩　相談したこと等を理由として、解雇その他不利益取扱いをされない旨を定め、従業員に周知・啓発すること

（長時間労働者に対する面接指導）

第○条　会社は、従業員の労働時間の状況を把握する。

2　長時間の労働により疲労の蓄積が認められる従業員に対し、その者の申出により医師による面接指導を行う。

3　前項の面接指導の結果必要と認めるときは、一定期間の就業禁止、労働時間の短縮、配置転換その他健康保持上必要な措置を命ずることがある。

【長時間労働者に対する面接指導】

1　事業者は、面接指導を実施するため、タイムカードによる記録、パーソナルコンピュータ等の電子計算機の使用時間（ログインからログアウトまでの時間）の記録等の客観的な方法その他の適切な方法により、従業員の労働時間の状況を把握しなければなりません。

2　事業者は、休憩時間を除き１週間当たり40時間を超えて労働させた場合におけるその超えた時間が、１か月当たり80時間を超え、かつ、疲労の蓄積が認められる従業員について、その者の申出により医師による面接指導を行わなければなりません（安衛法66条の８第１項）。

3　時間外労働が一定時間を超えなくても、長時間の労働により、疲労の蓄積が認められ、又は健康上の不安を有している従業員に対しても同様に、その者の申出により面接指導または面接指導に準ずる措置を講じるよう努めなければなりません（安衛法66条の９）。

4　面接指導の結果は、記録を作成し、５年間保存しなければなりません。

5　面接指導の結果により就業場所の変更、作業の転換、労働時間の短縮、深夜業の回数の減少の措置等を講じなければなりません（安衛法66条の８

第2項)。

令和3年4月版「厚生労働省　モデル就業規則58条」より

（ストレスチェック）

第○条　従業員に対しては、毎年1回、定期に、医師、保健師等による心理的な負担の程度を把握するための検査（ストレスチェック）を行う。

2　前項のストレスチェックの結果、ストレスが高く、面接指導が必要であると医師、保健師等が認めた従業員に対し、その者の申出により医師による面接指導を行う。

3　前項の面接指導の結果必要と認めるときは、就業場所の変更、作業の転換、労働時間の短縮、深夜業の回数の減少等、必要な措置を命ずることがある。

【ストレスチェック】

1　事業者は、心理的な負担の程度を把握するための検査（ストレスチェック）を1年に1回定期的に実施しなければなりません（安衛法66条の10第1項）。なお、ストレスチェック及びその結果を踏まえた面接指導の費用については、法で事業者に実施の義務を課している以上、当然、事業者が負担しなければなりません。

2　ストレスチェックは、医師、保健師または所定の研修を修了した歯科医師、看護師、精神保健福祉士又は公認心理士により行われる必要があります（安衛法66条の10第1項）。また、ストレスチェックの結果は、医師、保健師等から従業員に直接通知されなければならず、本人の同意がない限り、事業者は把握してはいけません（安衛法66条の10第2項）。

3　ストレスチェックの結果、ストレスが高く、面接指導が必要であると医師、保健師等が認めた従業員に対し、その者が申し出た場合には、医師による面接指導を行わなければなりません（安衛法66条の10第3項）。

4　事業者は、面接指導の結果を踏まえた就業上の措置について医師の意見を聴き、意見を勘案して、作業の転換、労働時間の短縮、深夜業の回数の減少等の措置を講じなければなりません（安衛法66条の10第5項、第6項）。

5　従業員の同意を得て、事業者に提供されたストレスチェックの結果および医師による面接指導の結果は、事業者が記録を作成し、5年間保存しなければならないとされています（労働安全衛生規則52条の13、52条の18）。

令和3年4月版「厚生労働省　モデル就業規則59条」より

※　従業員数50人未満の事業場は、当分の間、努力義務です。

（従業員の自己保健義務）

第○条　従業員は、自らの健康の維持に務め、必要に応じ医師その他の健康管理者の指導等を受けなければならない。

2　従業員は、健康状態に異常・不安がある場合には、すみやかに会社に申し出るとともに必要に応じ医師等の診察を受け、その健康の維持を図らなければならない。

【自己保健義務】

　雇用関係における従業員の自己保健義務を規定した法律はありません。ただ、事業主の従業員に対する安全配慮・健康配慮の義務が拡大する方向にあるという時代の流れを踏まえれば、従業員の健康については、事業主だけでなく従業員自身が自己の健康を管理して、その保持を図る信義則上の義務を負うという考え方が成り立つでしょう。従業員への健康配慮を尽くすとともに、従業員が自身の健康の保持・増進に努めるように促す日頃の従業員教育や啓発が重要です。

☞ **弁護士からのアドバイス**

　事業主には健康診断後、医師の意見を勘案し、従業員に対して必要と認められる適切な措置を講じる義務がありますが（安衛法66条の5）、本来、債務の本旨に沿って労務の提供を行うべき従業員にも健康維持に関する自己保健義務があると考えるべきであり、そのためには必要な措置を規定するのが望ましいでしょう。

●判例索引●

〔著者紹介〕

岡芹健夫
おか　ぜり　たけ　お

〈略歴〉

昭和40年　　　東京都北区生
平成３年３月　　早稲田大学法学部卒業
平成４年３月　　司法研修所入所（４６期）
平成６年４月　　弁護士登録（第一東京弁護士会所属）
　　　　　　　　髙井伸夫法律事務所入所
平成21年５月　　髙井伸夫法律事務所所長代行就任
平成22年１月　　髙井・岡芹法律事務所に改称・同所所長就任

現・経営法曹会議　幹事
現・公益社団法人全国求人情報協会　理事
現・東京三弁護士会労働訴訟等協議会　委員
現・一般社団法人人材サービス産業協議会　監事
現・一般社団法人日本人材派遣協会　監事
現・筑波大学法科大学院　非常勤講師（労働法演習 夏期集中講座担当）

〈主要著書等〉

『労働法実務 使用者側の実践知（LAWYERS'KNOWLEDGE)』（有斐閣、単著）
『労働条件の不利益変更 適正な対応と実務』（労務行政、単著）
『雇用と解雇の法律実務』（弘文堂、単著）
『事業再編シリーズ1 会社分割の理論・実務と書式〔第６版〕』（民事法研究会、共著）
『現代型問題社員対策の手引〔第５版〕』（民事法研究会、共著）
『管理職トラブル対策の実務と法』（民事法研究会、共著）
『判例解説　解雇・懲戒の勝敗分析』（日本加除出版、共著）
『2020年版　年間労働判例命令要旨集』（労務行政、共著）
『経営側弁護士による精選労働判例集　第10集』（労働新聞社、共著）
『使用者のための解雇・雇止め・懲戒相談事例集』（青林書院、共著）
『同一労働同一賃金　パート・有期契約社員への合理的根拠を有した待遇差説明の実務』
　（日本加除出版、共著）

髙井・岡芹法律事務所
東京都千代田区九段北４-１-５　市ヶ谷法曹ビル902号室
（http://www.law-pro.jp/）

職場のメンタルヘルス対策の実務必携Q&A

令和3年11月24日　第1刷発行

定価　本体2,700円＋税

著　　者　岡芹　健夫
発　　行　株式会社　民事法研究会
印　　刷　文唱堂印刷株式会社

発行所　株式会社　民事法研究会
〒150-0013　東京都渋谷区恵比寿3-7-16
〔営業〕TEL 03(5798)7257　FAX 03(5798)7258
〔編集〕TEL 03(5798)7277　FAX 03(5798)7278
http://www.minjiho.com/　info@minjiho.com

落丁・乱丁はおとりかえします。　ISBN978-4-86556-460-0 C2032 ￥2700E
表紙デザイン：袴田峯男

■人事・労務部門や管理職のための必携の1冊！

Q&A 現代型問題社員対策の手引〔第5版〕

関連書式付き

―職場の悩ましい問題への対応指針を明示―

高井・岡芹法律事務所　編

A5判・366頁・定価4,400円（本体4,000円＋税10％）

▷▷▷▷▷▷▷▷▷▷▷▷▷▷▷ **本書の特色と狙い** ◁◁◁◁◁◁◁◁◁◁◁◁◁◁◁

▶第5版では、より利用しやすくするために全体構成を見直すとともに、IT（SNS）関係など情報化社会特有の最新の労働問題やハラスメント関係、有期雇用者関係、安全配慮関係など、法改正や技術の進歩により新規の労働問題が生じている分野の事例を追録・充実させ大幅な改訂を施した最新版！

▶97の具体的な設問からみえてくる問題社員対策を、解説文に関わってくる関連書式を収録したことでさらに充実！

▶日々、社員の問題行動対策に悩まされている人事労務担当者、現場の管理職だけでなく、企業法務に携わる法律実務家にとっても必備となる1冊！

❖❖❖❖❖❖❖❖❖❖❖❖❖ **本書の主要内容** ❖❖❖❖❖❖❖❖❖❖❖❖❖

第1章　募集・採用時の問題（5問）

第2章　雇入れ後の問題
Ⅰ　労働時間・賃金をめぐる対応（7問）
Ⅱ　業務命令違反・勤務態度不良をめぐる対応（5問）
Ⅲ　不正行為をめぐる対応（7問）
Ⅳ　職場外・私生活上の問題への対応（6問）
Ⅴ　人事・懲戒をめぐる対応（7問）
Ⅵ　配置転換・出向・転籍をめぐる対応（7問）
Ⅶ　有期雇用契約をめぐる対応（4問）
Ⅷ　安全・衛生をめぐる対応（3問）
Ⅸ　その他の問題への対応（8問）

第3章　雇用契約終了時・終了後の問題（12問）

第4章　近年特に注目されている問題
Ⅰ　定年後再雇用をめぐる対応（2問）
Ⅱ　メンタルヘルスをめぐる対応（7問）
Ⅲ　ハラスメントをめぐる対応（9問）
Ⅳ　ITをめぐる対応（8問）

第5章　関連書式（36例）

発行　民事法研究会

〒150-0013　東京都渋谷区恵比寿3-7-16
（営業）TEL. 03-5798-7257　FAX. 03-5798-7258
http://www.minjiho.com/　info@minjiho.com

パワハラ防止法・新労災認定基準に対応！

職場のいじめ・パワハラと法対策〔第5版〕

弁護士　水谷英夫　著

A5判・377頁・定価3,960円（本体3,600円＋税10%）

▶セクハラ、マタニティ・ハラスメント、アカデミック・ハラスメントから新型コロナウイルスに関連したハラスメントまで、あらゆるハラスメントに対する対処法を、具体的にわかりやすく解説！

▶機能的な社内相談窓口の整備、弁護士など法律専門家が相談を受けた場合、どのような話の聞き方をしたら的確な助言につながるのか、日頃の予防対策のための周知方法、研修、実態調査など、解決につながる具体的な方法を、被害者・加害者・企業それぞれのケースについて解説！

▶弁護士、企業の人事・労務担当者や従業員の相談窓口担当者、管理職、社会保険労務士、カウンセラーや労働局等の行政機関の相談担当者にも最適！　正社員、公務員、研究職、医療従事者、介護職、アルバイトなど、あらゆる労働者の相談に対応できる！

本書の主要内容

発行　民事法研究会

〒150-0013　東京都渋谷区恵比寿3-7-16
（営業）TEL. 03-5798-7257　FAX. 03-5798-7258
http://www.minjiho.com/　info@minjiho.com

私的アカウントによる不祥事から公式アカウントによる活用まで、必要な対策を網羅！

SNSをめぐるトラブルと労務管理〔第2版〕
─事前予防と事後対策・書式付き─

村田浩一・大村剛史・高　亮・渡辺雪彦　著

A5判・298頁・定価 3,520円（本体 3,200円＋税10％）

▶新型コロナウィルス対策での外出自粛の影響により、増加傾向にある SNS 上の誹謗中傷。なく ならない従業員等による SNS に関する不祥事から企業はどう防衛するか、規定類の整備や社内 研修等の予防策から、調査・処分・対外発表等の事後対策まで、労務管理の観点から詳説！

▶第2版では、最新事例や裁判例・法改正に対応したほか、SNS による副業をめぐる問題を新た に解説するとともに、ケーススタディも追加した最新版！

▶企業の人事・労務担当者、弁護士、社会保険労務士等の必携書！

発行　民事法研究会

〒150-0013　東京都渋谷区恵比寿 3-7-16
（営業）TEL. 03-5798-7257　FAX. 03-5798-7258
http://www.minjiho.com/　info@minjiho.com

新型コロナウイルス感染症対応のリスクマネジメントを具体例で詳解！

新型コロナ対応
人事・労務の実務Q＆A
─災害・感染症から日常のリスクマネジメントまで─

ロア・ユナイテッド法律事務所　編
編集代表　岩出　誠

A５判・739頁・定価 6,600 円（本体 6,000 円＋税 10％）

▶新型コロナウイルスが引き起こし、顕在化させた様々な相談事例等に即して、その対応と今後の紛争予防、損害拡大防止に向けた各施策についてQ＆A形式でわかりやすく解説！

▶コロナショックを乗り越えていくための人材確保と労務管理のために、内定取消し、休業と年休、テレワーク、育児休業、非正規雇用、メンタルヘルス、カスタマーハラスメント、給付金等々の問題に具体的な質問形式でわかりやすく回答！

▶地震・台風等の災害時のBCP（事業継続計画）から労災・従業員の犯罪、個人情報管理など通常活動時の緊急対応まで網羅！

本書の主要内容

発行　民事法研究会

〒150-0013　東京都渋谷区恵比寿 3-7-16
（営業）TEL. 03-5798-7257　FAX. 03-5798-7258
http://www.minjiho.com/　info@minjiho.com

弁護士の営業戦略シリーズ（全3巻）

弁護士の戦略シリーズ〈第1巻〉

弁護士の経営戦略
―「営業力」が信用・信頼をつなぐ―

髙井伸夫 著　　四六判・189頁・定価1870円（本体1700円＋税10％）

　顧客の信頼を勝ち取ることを第一歩としてその具体的な秘訣を開示し、依頼者の記憶に残る営業の方法、事務所経営のポイント、仕事を楽しく回すコツなど、AI時代にこそ必須の日々使える手順・ノウハウがここにある！　弁護士としての喜びが得られる営業のあり方を示した注目の1冊！

弁護士の戦略シリーズ〈第2巻〉

弁護士の情報戦略
―「新説」創造力が信用を生み出す―

髙井伸夫　著　　四六判・186頁・定価1870円（本体1700円＋税10％）

　「新説」創造力の発揮こそ「情報戦略」であるとの考えから、著者が実践してきた新説を例にして、具体的な創造の過程を読者と共有し、読者による新説創造力の発揮を促す1冊！　弁護士技術、法律、事務所経営、人間力など多岐にわたる分野の情報戦略のあり方を明示！

弁護士の戦略シリーズ〈第3巻〉

弁護士の営業戦略
―「顧問契約」を極めることが営業の真髄―

髙井伸夫 著　　四六判・182頁・定価1870円（本体1700円＋税10％）

　士業がめざす業務を確実に行っていくための基盤となる顧問契約を、一般社会・依頼者・弁護士の各視点から解説！　契約獲得・継続のノウハウとともに、顧問契約を極めることが営業の真髄であることを明示！　AI時代に真価を発揮する士業のビジネススキルが身に付く！

発行　民事法研究会　　〒150-0013 東京都渋谷区恵比寿3-7-16
（営業）TEL 03-5798-7257　FAX 03-5798-7258
http://www.minjiho.com/　　info@minjiho.com

実務必携Q&Aシリーズ

─基礎知識から実務対応まで網羅！─

2021年4月刊 多様な働き方、同一労働同一賃金導入のための実践的手引書！

多様な働き方の実務必携Q&A
─同一労働同一賃金など新時代の労務管理─

テレワーク、フレックスタイム制、裁量労働制、高プロ制、限定正社員、副業促進、雇用類似の働き方など、多様で柔軟な働き方導入のための指南書！ 最高裁判例を踏まえた同一労働同一賃金への実務対応を経験豊富な弁護士が丁寧に解説！

三上安雄・緒方彰人・増田陳彦・安倍嘉一・吉永大樹 著
（A5判・295頁・定価 3520円（本体 3200円＋税10％））

2021年1月刊 日頃から悪質クレーマー問題に取り組んできた弁護士の実践的ノウハウを余すことなく開示！

クレーマー対応の実務必携Q&A
─知っておくべき基礎知識から賢い解決法まで─

いまや大きな社会問題化している「不当クレーム」、「悪質クレーム」をめぐって、さまざまな具体例を取り上げて正しい対応のあり方と賢いトラブル解決の仕方について、どなたでも理解できるようにわかりやすく解説した待望の書！

岡本健志・香川希理・川田 剛・木村裕史・斎藤悠貴・鈴木哲広・藤川 元・北條孝佳 著
（A5判・331頁・定価 3520円（本体 3200円＋税10％））

2019年6月刊 外国人の雇用に関する基礎知識から実務対応まで網羅！

外国人雇用の実務必携Q&A〔第2版〕
─基礎知識から相談対応まで─

深刻な人手不足に対応するため、外国人労働者の受入れを大幅に緩和した改正入国管理法に完全対応し、大幅改訂！ 「働き方改革」による各種関連法の改正にも対応した関係者必携の1冊！

本間邦弘・坂田早苗・大原慶子・渡匤・西川豪康・福島継志 著
（A5判・331頁・定価 3960円（本体 3600円＋税10％））

2019年1月刊 事例ごとの適正な懲戒処分と、トラブルに発展しないための具体的なノウハウを開示！

懲戒処分の実務必携Q&A
─トラブルを防ぐ有効・適正な処分指針─

懲戒処分を行うにあたり、そもそも懲戒処分を行うことができるのか、また懲戒処分を行えるにしても、どの程度の処分が適正かつ妥当なのか、といった疑問に対して、弁護士が豊富な経験と判例・実務の動向を踏まえてわかりやすく解説！

三上安雄・増田陳彦・内田靖人・荒川正嗣・吉永大樹 著
（A5判・359頁・定価 4180円（本体 3800円＋税10％））

発行 **民事法研究会**

〒150-0013 東京都渋谷区恵比寿3-7-16
（営業）TEL 03-5798-7257　FAX 03-5798-7258
http://www.minjiho.com/　info@minjiho.com